KB042648

알코올과
작가들

A Sidecar Named Desire
© Greg Clarke and Monte Beauchamp, 2018

First published by Dey Street, an imprint of William Morrow
Translation rights arranged by Duran Kim Agency and MacKenzie Wolf
All rights reserved

Korean-language edition copyright © 2020 by Eulyoo Publishing

이 책의 한국어판 저작권은 듀란킴 에이전시를 통한
저작권사와의 독점 계약으로 을유문화사에 있습니다.
저작권법에 의해 한국 내에서 보호를 받는 저작물이므로
무단 전재와 복제를 금합니다.

알코올과 작가들

위대한
작가들의
영혼을
사로잡은
음주열전

그렉 클라크 · 몬티 보챔프 지음
이재욱 옮김

을유문화사

알코올과 작가들
위대한 작가들의 영혼을 사로잡은 음주 열전

발행일
2020년 4월 20일 초판 1쇄
2021년 11월 15일 초판 3쇄

지은이 그렉 클라크, 몬티 보챔프
옮긴이 이재욱
펴낸이 정무영
펴낸곳 ㈜을유문화사

창립일 1945년 12월 1일
주소 서울시 마포구 서교동 469-48
전화 02-733-8153
팩스 02-732-9154
홈페이지 www.eulyoo.co.kr

ISBN 978-89-324-7426-7   03900

＊ 값은 뒤표지에 표시되어 있습니다.
＊ 옮긴이와의 협의하에 인지를 붙이지 않습니다.

제니퍼, 그레타, 줄리언에게
— 그렉 클라크

불가능한 일을 해낼 수 있다고 믿게 해 준 리베카 앤에게
— 몬티 보챔프

일러두기

1. 본문 하단에 나오는 각주는 모두 옮긴이 주다.
2. 단행본(장편 소설, 장시 혹은 시집, 에세이집, 희곡 등)과 정기 간행물은 『 』로
    표기했고, 단행본의 일부로 들어간 단편 소설·단편 에세이·단시 등은 「 」,
    영화·오페라·뮤지컬은 《 》, 노래·미술 작품은 〈 〉로 표기했다.
3. 인물과 지역 명칭은 기본적으로 국립 국어원의 표기 원칙을 따랐다. 그리고 문학 작품 명칭은
    한국어판 출간 사례가 있을 경우 해당 표기를 따랐지만, 기존 표기에 문제가 있다고
    판단되거나 한국어판 출간 사례가 없을 경우 번역을 새로 했다.

차례

술이 당신을 움직일 때

> "그러니까, 나는 깨달음을 얻은 것 같았다. 머릿속에선 모든 생각이 훤히
> 떠올랐다. 마치 깊은 밤에 탈옥을 준비하는 죄수처럼, 모든 생각은 그 작은
> 감방의 문 앞에서 이미 옷을 잘 갖춰 입은 채 쭈그리고 앉아 있었다.
> 모든 생각이 환하고, 선명하고, 도저히 혼동할 수 없는 그런 심상이었다.
> 내 뇌는 술이 비추는 환하고 새하얀 빛으로 밝아졌다. 존 발리콘은
> 진실을 알리는 광란이었다. … 나는 그의 대변인이었다."
> — 잭 런던, 「존 발리콘」 (1913)

인류는 바쿠스가 도래하기 전부터 창의적인 영감을 얻는 데 도움을 받기 위해
술에 의지했다. 술의 역사, 그리고 상상력을 자극하고 잡히지 않는 뮤즈를
끌어내고자 작가, 예술가, 음악가 들이 술에 기댔던 일은 잘 기록되어 있다.
열성적인 금주 운동가들은 오랫동안 술의 해악을 매도했지만, 적어도 술과
위대한 글 사이의 연관성은 수많은 주요 문학 작품에 언급되어 있다.

몇몇 작가는 술로 인해 몸과 마음에 커다란 고통이 생겼고, 뮤즈와 접촉하는
기간도 짧았다. 잭 런던, 맬컴 라우리, 어니스트 헤밍웨이, F. 스콧 피츠제럴드,
에드나 세인트 빈센트 밀레이, 잭 케루악 등은 전부 술의 힘으로 저 높은
곳까지 치솟았다가 결국 박살나고 불타올랐다. 반면에 제임스 조이스, 허먼
멜빌, 마야 앤절루 같은 작가들은 술의 파괴력에 굴복하는 일 없이 정신을
이완하는 과정에서 창의적인 영감을 거둬들였다.

시카고 일리노이대학의 앤드루 F. 재로스, 그레고리 J. H. 콜플레시, 제니퍼
와일리는 2012년 학술지 『의식과 인지』에 기고한 논문을 통해 창의성을 위한

필수 전제 조건, 즉 '새로운' 사고가 약간의 음주를 통해 촉진될 수 있다는 개념을 뒷받침했다. 그들의 논문인「코르크를 뽑아 뮤즈를 불러내다: 취기는 창의적 문제 해결을 촉진한다」에 실린 실험 결과는 취한 실험군이 취하지 않은 실험군보다 창의적인 단어 문제를 더 일찍 풀었음을 보여 줬다.

술로 인해 창의성을 발휘할 수도 있지만, 좋은 책이 좋은 술과 함께하는 것보다 더 큰 즐거움은 없다고 주장할 수 있을지도 모른다. 특정 작가의 책과 특정 술은 지금 경매에서 눈이 튀어나올 정도로 높은 가격에 낙찰된다. 최근 1945년산 샤토 무통 로칠드 열 병이 34만 3천 달러에 낙찰되었고, 피츠제럴드가 서명한『위대한 개츠비』1925년 초판은 16만 2천5백 달러에 낙찰되었다. 이는 우리가 술을 좋아하고, 술을 좋아한 작가도 좋아한다는 확증이다.

이 책, 그러니까 엄청나게 멍청한 짓을 동반하는 술과 위대한 문학을 둘러싼 역사에 관한 구상은 스튜디오에서 힘든 한 주를 보내고 조명이 어둑한 바에서 활력을 주는 사이드카 몇 잔을 마신 뒤에 생겨났을지도 모르는 일이다. 그렇다고 해도 전혀 놀랄 일은 아니다. 많은 칵테일을 마시며 2년이 흘렀고, 술의 뮤즈는 이 책으로 우리를 축복해 주었다. 자, 건배!

— 몬티 보챔프 · 그렉 클라크

WINE

와인

제1장

와인은 병에 담은 시다.
— 로버트 루이스 스티븐슨, 『실버라도 무단 거주자』(1884)

술꾼들은 맥주와 와인 중에 어떤 게 더 오래된 것이냐를 두고 옥신각신할 수
있겠지만, 와인이 열광적인 시와 산문에 더 많은 영감을 주었다는 건 부정할
수 없다. 위대한 문학 작품은 제쳐 두더라도 와인만을 주제로 글을 써서
벌어먹는 보잘것없는 글쟁이 무리에게도 영감을 준 것이 바로 와인이다.
연필심, 마구로 쓸 쇠가죽, 도로 포장용 타르, 시가 박스, 고양이
오줌, 젖은 개털 풍미 등을 잔에서 구별할 수 있는 황금
혓바닥을 지닌, 대중에게 빈번히 조롱당하는 와인
비평가를 상상해 보라.

맥주나 와인 중에 무엇이 먼저 생겨났는지에는 이제 신경을 끄도록 하자.
어쨌든 석기 시대 인류가 상한, 혹은 자연 발효된 과일즙에서 취하는 특성을
발견한 건 분명히 행복한 일이었다. 선조들은 자신이 마시는 것이 근본적으로
인간의 상상을 자극하고, 문명의 바퀴에 기름을 칠 것임을 몰랐을 것이다.
더불어 그 물건이 인류사에서 기분을 상쾌하게 하는 음료로서 문헌에 가장
널리 남을 것이라는 점도 생각조차 못했을 것이다.

마음속에 떠오르는 고대 그루지야

많은 역사가가 와인의 발생지를 고대 그루지야로 생각한다. 카프카스
산맥 남쪽에 위치한 비옥한 계곡의 주민들은 예로부터 전해진
방식으로 8천 년 동안 와인을 만들어
왔는데, 이 방식에는 나무로 된
크고 작은 통이나 감시 체계가
필요 없다. 대신에 그들은
(오늘날에도 마찬가지지만)
크베브리라고 하는
그루지야 점토를 쓴
거대한 테라코타 용기를
사용한다. 이 용기에 난
줄은 밀랍으로 낸 것이다.

이 크베브리는 포도를 가득 채운 채로 땅에 묻히는데, 이후 포도는 2주 동안 자연 효모로 발효된다. 그런 다음 봉인되어 6~12개월 동안 숙성 과정을 거친다.

그루지야의 국민적 시인인 쇼타 루스타벨리는 조국의 와인을 칭송하는 시를 가장 오래전에 노래한 토박이 중 한 사람이었다. 12세기에 그가 지은 서사시 『흑표범 가죽을 쓴 기사』는 기사, 우정, 기사도, 궁중 연애는 물론 그루지야 와인 문화에 관한 언급을 가득 채운 작품이었다. 이는 토머스 맬러리가 쓴 비슷한 분위기의 『아서 왕의 죽음』보다 2백 년 정도 앞선 것이었다.

쇼타 루스타벨리

고대 중국의 야생 포도

고대 중국에서 중국 토착 포도를 써서 발효한 음료가 처음으로 등장한 건 기원전 7000년경인 신석기 시대였다. 하지만 포도를 써서 와인을 대규모로 생산한 건 당나라(618~907) 때가 처음이었다.

당나라 시대의 은제 잔

후한과 위나라의 관료이자 시인인 완적(210~263)은 「수계에 읊다」라는 자신의 시에서 와인이 창의성을 자극한다는 증거를 드러냈다. "포도주 한 잔에 시 1백 수를 읊을 수 있구나."

완적

중국 최고 시인 중 하나로 꼽히는 이백(701~762) 역시 와인에 열광하는 시를 남겼다. 그의 가장 유명한 시 하나는 제목이 '봄날 술에서 깨다'이기도 하다. 그는 나중에 만취하여 물에 뜬 달을 안으려 하다 강으로 곤두박질쳐 익사했다.

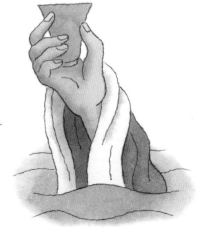

옛날 페르시아 와인

최근 이란(고대 페르시아)에서 이루어진 발굴로 기원전 3100~2900년경의 것으로 추정되는 도자기 그릇이 발견되었는데, 여기서 주석산이 발견되었다. 이는 당시에도 와인이 존재했음을 가리킨다.

고대 페르시아의 술잔

페르시아 민담에 따르면, 와인은 왕에게 거부당하여 낙담한 한 여자가 썩은 포도 잔여물을 먹고 자살하려다가 발견했다고 한다. 이를 먹은 그녀의 기분은 기적처럼 좋아졌고, 이튿날 그녀가 왕에게 그 취하게 하는 물건을 발견했음을 보고하자 왕은 그녀에게 적절한 보상을 내렸다고 한다.

12세기 페르시아 시인이자 철학자인 오마르 하이얌은 자신의 운문에서 와인을, 그리고 세상에 잠시 머무를 뿐인 우리 존재에게 와인이 주는 즐거움을 한껏 노래했다. 1859년 시인 에드워드 피츠제럴드는 하이얌의 시를 엄선하고 번역해 『루바이야트』라는 시집으로 냈는데, 여기서 하이얌의 이런 말을 찾아볼 수 있다.

오마르 하이얌

> 와인을 마셔라 이것이 영원한 삶이니.
> 이것이 젊음이 그대에게 줄 모든 것이다.
> 바야흐로 와인의 계절이니,
> 장미가 피어나고 벗이 술에 취하는구나.
> 이 순간에 행복하라.
> 이 순간이 바로 그대의 삶이다.

14세기 페르시아 수피교 시인인 하피즈는 와인을 사랑과 신성의 상징으로 칭송했다. 다음은 토머스 레인 크로가 번역한 하피즈의 시집 『연인의 와인에 취해』에서 몇 개의 연을 옮긴 것이다.

> 커다란 단지에서 조화의 와인을 마시니,
> 삶의 슬픔으로 생긴 가슴속 공허함이
> 씻기듯 사라지는구나.

하피즈

이 커다란 단지처럼 마음을 계속 탁 터놓자.
어찌하여 그대는 열지 않은 와인 병처럼
마음을 가둬 두고자 하는가?

입안 가득 와인을 머금으면 그대는 자신을 돌보지 않게 되고
절대 유능하다고 과시하지 않게 될 것이다.

그렇다 하여도 경건한 자들에게 와인을 마시는 건 죄일 터이나,
나를 오판하지 말라, 그것은 위선의 기색을 씻어 내는
표백제일 뿐이니.

파라오와 와인을

포도 재배는 기원전 3100년경 나일 삼각주까지 거슬러 올라간다. 이곳에서
생산되는 와인 대부분은 파라오의 궁궐이나 상류층이 소비했다. 이집트 지배층은
사후 여정을 편히 하고자 어마어마한 양의 와인을 무덤에 함께 묻곤 했다.

투탕카멘의 무덤에서 찾아낸 단지에 남아 있던 잔여물을 화학적으로 분석한
결과, 투탕카멘은 레드 와인을 선호했던 모양이다. 그와 함께한 수많은
와인 단지에는 어느 밭의 포도로 와인을 만들었는지, 재배 책임자의 이름이
무엇인지, 와인이 생산된 해가 언제인지가 전부 적혀 있었다.

이집트인은 와인 관련 지식을 페니키아인과
공유했고, 페니키아인은 그 지식을 전
세계에 퍼뜨렸다.

고대 그리스 와인 플라곤 예찬

와인은 기원전 1200년경 지중해를 가로지른 페니키아 선원들을 통해 그리스에 전해졌다. 고대 그리스 문화에서 와인은 중요한 역할을 맡았고, 그리스인은 운문과 노래에서 와인의 영광을 극찬했다. 디오니소스(로마의 바쿠스)는 포도나무와 포도주의 신이었다.

그리스 철학자들에게 와인과 철학은 분리할 수 없는 것이었다. 심포지엄은 철학적인 논의가 벌어지는 자리보다는 와인 파티에 더 가까웠다. 플라톤은 이렇게 말한 적도 있었다. "신이 인류에게 허락한 것 중에 와인보다 더 훌륭하고 값진 것은 없다."

그리스 극작가 아리스토파네스는 창의성을 자극하는 데 와인이 꼭 필요하다고 생각했고, 그래서인지 그의 작품엔 와인이 자주 언급된다. 그가 쓴 희곡 『기사들』(기원전 424)에 등장하는 데모스테네스는 이런 요청을 한다. "플라곤에 와인을 담아 가져오게. 슬기롭게 말하려면 머리를 적셔야 하니까."

투키디데스

그리스 역사가인 투키디데스는 와인의 교화력에 대해 이렇게 말했다. "지중해 사람들은 올리브와 포도나무를 재배하는 법을 배우고 야만에서 벗어나기 시작했다."

고대 로마의
와인 항아리

와인에 진리가 있다

로마 제국은 그리스인이 남긴 것을 이어받아 와인 양조 과정을 개량했고, 사실상 오늘날 서부 유럽에 존재하는 주요 와인 생산지를 전부 확립했다. 그들은 갈리아인들에게서 나무통을 받아와 처음으로 와인 양조 과정에 썼고, 시리아인들에게서 유리병을 받아와 보관과 운송에 사용함으로써 토기를 대체했다.

로마 시인 베르길리우스는 와인 재배자들을 지도하고자 남긴 기록에서 오늘날에도 여전히 유효한 조언을 하기도 했다. "포도나무는 탁 트인 언덕을 사랑한다."

로마의 뿔 모양 술잔을 든
가이우스 플리니우스 세쿤두스

1세기의 박물학자이자 37권 분량의 백과사전 『박물지』의 저자이기도 한 가이우스 플리니우스 세쿤두스는 포도 재배에 관해 광범위한 저술을 남겼는데, 여기에 로마의 '1등급 밭' 순위도 포함했다. 더불어 그는 (특정 지역의 기후, 토양, 지형이 와인의 풍미에 독특한 특성을 부여한다는) 테루아 개념을 소개했고, "와인에 진리가 있다"는 와인에 관한 가장 유명한 라틴 격언을 남기기도 했다.

로마 시인 호라티우스도 와인에 열정적인 사람이었다. 죽음을 떠올릴 때마다 아내와 헤어지는 것보다는 와인을 보관한 저장고와 멀어지는 걸 더 가슴 아파할 정도였다. 시적 영감에 관해 그는 이런 글을 남기기도 했다. "금주가들이 쓴 시는 절대 오래가지 못하고 찬사도 받을 수 없다."

에이번강의 즐거운 시인

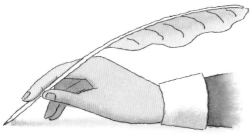

좋은 일행, 좋은 와인, 좋은 환대가
좋은 사람을 만들지.
— 『헨리 8세』 1막 4장

윌리엄 셰익스피어(1564~1616) 시대의
잉글랜드에서 와인은 무척 비쌌다. 대중이
즐기는 에일보다 값이 12배 정도 더 나갔다.
그래서 보통 와인은 상류층이 즐기는
술이었다. 또한 잉글랜드의 기후는 포도
재배에 적합하지 않았기 때문에, 대다수의
와인은 프랑스, 스페인, 그리스에서
생산되었다. 그중 브랜디로 주정 강화를 한
달콤한 와인인 (현대의 세리 와인과 비슷한)
색sack은 엘리자베스 여왕 시대에 엄청난
인기를 누렸다.

셰익스피어의 개인적인 음주 습관에 관해선
알려진 바가 거의 없다. 하지만 자산가였으니
틀림없이 에일말고 다른 술을 마실 여유가
있었을 것이다. 전하는 바에 따르면, 그는
동시대의 파티광이자 술고래인 크리스토퍼
말로 같은 사람은 아니었다. 하지만 그의
작품에 와인이 카메오로 자주 등장하니
그가 와인을 즐겼으리라고 추측된다. 그의
작품 속 등장인물들은 에일 같은 맥주보다는
(무스카텔, 라인, 보르도, 카나리, 맘지 등의)
와인을 훨씬 더 많이 언급했다.

누구도 그를 웃게 할 수 없지만,
그건 놀랄 일도 아니다.
그는 와인을 마시지 않으니까.
— 『헨리 4세』 2부 2막 4장

생명의 와인이 빠져나가니 이제
이 금고에서 자랑할 것은
고작 그 찌꺼기뿐이구나.
— 『맥베스』 2막 3장

와인 그릇을 다오, 이 무정함을
깡그리 묻어 버릴 수 있게.
— 『율리우스 카이사르』 4막 3장

여기 와인은 없습니까?
— 『코리올라누스』 1막 9장

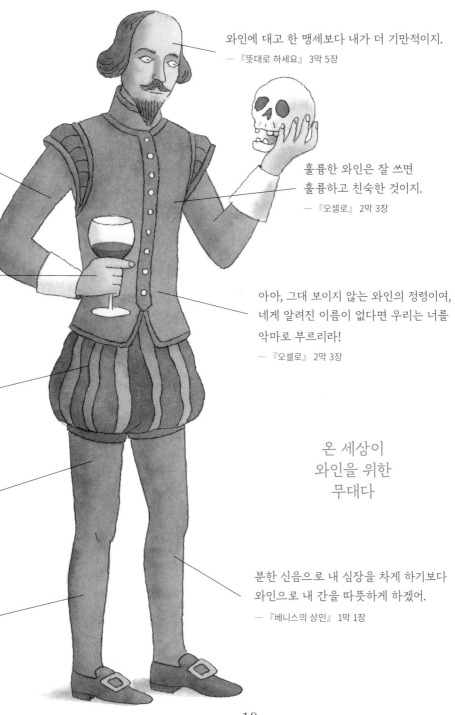

와인에 대고 한 맹세보다 내가 더 기만적이지.

— 『뜻대로 하세요』 3막 5장

훌륭한 와인은 잘 쓰면
훌륭하고 친숙한 것이지.

— 『오셀로』 2막 3장

아아, 그대 보이지 않는 와인의 정령이여,
네게 알려진 이름이 없다면 우리는 너를
악마로 부르리라!

— 『오셀로』 2막 3장

온 세상이
와인을 위한
무대다

분한 신음으로 내 심장을 차게 하기보다
와인으로 내 간을 따뜻하게 하겠어.

— 『베니스의 상인』 1막 1장

프랑스 와인 만세!

포도 재배에 이상적인 토양과 기후로 축복을 받은 프랑스는 (20세기 후반 캘리포니아의 도전을 한 번 받았을 뿐) 오랫동안 세계에서 가장 훌륭한 고급 와인 생산지로 군림했다. 프랑스의 지배적인 와인 생산지 두 곳인 보르도와 부르고뉴는 현재 우리가 소비하는 가장 유명하고 비싼 와인 일부를 생산한다.

1787년 보르도에 방문한 미국 최초의 와인 전문가 토머스 제퍼슨은 샤토 오브리옹 24케이스와 샤토 라피트 250병, 그리고 명시되지 않은 양의 샤토 디켐을 주문했다.

1855년 황제 나폴레옹 3세는 지역 최고의 와인을 확인하기 위해 보르도에 등급 분류 체계를 제안했다. 보르도 와인의 공식 등급 분류 체계로 알려진 이 순위는 1855년에 1~5등급으로 확립된 후 오늘날까지 거의 바뀌지 않았다.

토머스 제퍼슨

엘리트 문인들 중에서도 현대의 보르도와 부르고뉴 애호가를 찾아볼 수 있다.

아동 소설 『찰리와 초콜릿 공장』(1964)을 발표해 명성을 쌓은 영국 작가 로얼드 달은 1951년 『뉴요커』에 와인을 주제로 한 단편작을 선보이기도 했다. 「시음」이라는 이 단편은 런던에서 열린 저녁 파티에서 블라인드 테이스팅 내기를 하는 이야기를 담고 있다. 달은 열렬한 와인 수집가로 보르도와 부르고뉴에 큰 관심을 보였는데, 특히 (많은 사람이 현대의 가장 훌륭한 빈티지로 여긴) 1982년산 보르도 와인에 집착했다.

로얼드 달

피터 드 브리스

희극 소설가이자 『뉴요커』 기고자인 피터 드 브리스는 자신을 "와인 고래"라고 칭했는데, 특히 부르고뉴 와인을 사랑했다. "남성적인 몽라셰●와 여성적인 뮈지니◆는 땅, 공기, 하늘과 가장 절묘한 교감을 한다. 이는 인간이 누릴 수 있는 최고의 것이다." 워낙 입소문을 많이 탄 "술에 취해 글을 쓰고, 술에서 깼을 때 편집한다"라는 재담은 어니스트 헤밍웨이가 한 것으로 종종 알려졌지만, 실제로는 드 브리스가 한 말이다. 그의 소설 『뢰벤, 뢰벤』(1964)에서 한 등장인물은 이렇게 말한다.

"때로 나는 술에 취해 글을 쓰고 술에서 깨어나 수정한다. 때로는 맨 정신일 때 글을 쓰고 술에 취해 수정한다. 하지만 창작을 하려면 두 요소를 모두 지니고 있어야 한다."

섬뜩한 와인 전문가

풍자시 『돈 후안』(1819)을 쓴 19세기 시인 조지 고든 바이런은 사람의 두개골을 술잔으로 쓴 것으로 유명하다. 이 두개골은 바이런 가문이 대대로 살았던 저택인 잉글랜드 노팅엄셔 뉴스테드 애비에서 정원사가 작업 도중 발견한 것이었다. 바이런은 먼 옛날 로마인의 두개골을 술잔으로 쓰던 갈리아 족장들의 전통을 그대로 가져왔다. 바이런은 잘 보존된 두개골을 런던으로 보내 술잔으로 쓸 수 있도록 자르게 했고, 그 물건을 받고선 이렇게 말했다. "해골은 무척 윤이 나면서도 거북이 등껍질처럼 얼룩덜룩한 색을 띤 채 돌아왔다."

조지 고든 바이런

바이런은 해골의 양옆에 시를 새겼고, 시의 제목을 무척 평범하게도 '해골 잔에 새긴 여러 시행'으로 정했다. 이 시에서 그는 죽음을 맞았을 때 머리가 더 고귀하게 쓰이는 법에 대해 명상했고, 그건 바로 살아 있는 사람이 클래릿(영국 사람들은 보르도 레드 와인을 이렇게 불렀다)의 훌륭함을 누릴 수 있도록 그것을 뼈 용기로 활용하는 것이었다. "아아, 우리 뇌가 사라지면 와인보다 더 고귀한 대용품이 무엇이란 말인가?"

● Montrachet. 부르고뉴의 소위 '황금 언덕'이라고 불리는 재배 지역 중 최고의 명성을 자랑하는 밭. 화이트 와인만을 생산하며, 일반적으로 이 밭이 부르고뉴 최고의 화이트 와인을 생산한다고 여겨진다.
◆ Musigny. 몽라셰와 비슷한 명성을 자랑하는 부르고뉴 최고의 밭 중 하나. 레드 와인만 생산하며, 하늘하늘하고 섬세하며 복합적인 향과 맛을 자랑한다.

혼란스러운 와인 전문가

프랑스의 시인·수필가·예술 평론가인 샤를 보들레르는 아편굴이나 대마 모임에서 다른 의식 상태에 빠져 있지 않을 때면 기본적으로 늘 와인을 마시고 취하곤 했다.

1851년에 쓴 수필인 「와인과 대마에 관해」에서 그는 이렇게 적었다. "와인이 주는 엄청난 즐거움을 알지 못하는 자 누구인가? 추억을 떠올리지 못하고, 슬픔을 가라앉히지 못하고, 스페인에 성을 짓지 못한 걸 후회하는 모두가, 즉 요약하자면 '모든 사람'이 포도나무의 섬유질 속에 숨은 신비로운 신에 의지한다."

샤를 보들레르

초기의 나파 밸리

『보물섬』(1883)으로 유명한 스코틀랜드 작가 로버트 루이스 스티븐슨은 명성을 날리기 전인 1880년 미국 캘리포니아주의 나파 밸리로 신혼여행을 떠났다. 그는 『실버라도 무단 거주자』(1884)에서 캘리포니아 와인 산업 여명기에 자신이 현지에서 겪은 이야기를 다뤘는데, 그곳 재배자들이 포도를 심는 과정에서 겪는 시행착오에 대해 이렇게 표현했다. "캘리포니아에서 와인은 아직 실험 단계에 머물러 있다. 그곳에서는 땅을 나눠 놓고 다양한 포도를 품종으로 분류해 심는다. 그리고 이건 실패니, 이건 그나마 더 나으니, 세 번째가 제일 좋으니, 하고 평을 한다. 그렇게 그들은 서서히 클로 드 부조°와 라피트 로칠드의 포도를 향해 나아가고 있다."

로버트 루이스 스티븐슨

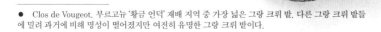

● Clos de Vougeot. 부르고뉴 '황금 언덕' 재배 지역 중 가장 넓은 그랑 크뤼 밭. 다른 그랑 크뤼 밭들에 밀려 과거에 비해 명성이 떨어졌지만 여전히 유명한 그랑 크뤼 밭이다.

다윗 대 골리앗: 파리의 심판

후니페로
세라 신부

프란체스코 수도회 선교사 후니페로 세라 신부는
1779년 전도 시설인 산 디에고 데 알칼라에 포도를
지속적으로 재배하기 위한 밭을 꾸렸다. 이는
캘리포니아주에서 최초의 일이었다. 미국의 와인 산업은
『실버라도 무단 거주자』 출간 이후 남부끄럽지 않은
평판을 얻기까지 오랜 시간을 보냈고, 그러는 동안
이따금 승리의 기쁨을 누리기도 했다.

하지만 캘리포니아 와인의 역사에서 핵심적인 전환점은 1976년 5월 24일에
있었다. 한 영국 와인 상인이 소위 '파리의 심판'이라 불리는 와인 경연을
개최했는데, 여기서 열린 블라인드 테이스팅에서
캘리포니아 와인이 보르도와 부르고뉴의 유명한
와인들을 끌어내리며 벼락 스타가 되었던 것이다.
프랑스 와인의 패권에 일격을 가한 나파 밸리는 결국
세계적으로 훌륭한 와인 생산지 중 하나가 되었다.

파파와 포도

어니스트 헤밍웨이는 술에 관한 이야기에서 가장 상징적인 문인임에 틀림없다. 미국 문학 평론가 헨리 루이 멩켄이 자신을 가리키는 데 썼던 용어를 빌려 쓰자면, 헤밍웨이는 "잡주가"였다. 그는 모든 술을 마시고 즐겼다.

제1차 세계 대전의 공포 이후 환멸을 느낀 많은 미국 작가는 예술이 조국에서 점점 인정받지 못한다고 생각해 유럽으로 떠났는데, 이들이 바로 '잃어버린 세대'의 일원이다. 그중 한 사람인 헤밍웨이는 1921년 파리에 도착해 『토론토 스타』의 해외 특파원으로 일했다. 프랑스에서 보르도와 부르고뉴에 가까운 곳에 머물렀던 이때 그는 고급 와인을 접했을 가능성이 크다.

『파리는 날마다 축제』(1964)는 헤밍웨이가 파리 생활에 관해 남긴 글과 메모를 엮은 일종의 회고록인데, 여기서 그는 당시 아내였던 해들리와 집에서 식사를 했던 이야기를 전한다. 돈이 부족해 외식도 못하던 그들은 어느 날 "협동조합에서 사 온 본 와인"을 마셨다고 한다. 본은 프랑스의 홀륭한 와인 생산지인 부르고뉴에서 와인 수도 역할을 하는 도시이니, 파리 협동조합에서 사 온 본 와인도 괜찮게 마실 만했을 것이다.

헤밍웨이가 소설 『태양은 다시 떠오른다』(1926)에서 묘사한 폭음 장면은 미국의 금주법을 그가 거부하는 것으로 해석할 수 있다. 이야기의 주인공 제이크 반스는 해외에 사는 미국인인데, 친구 몇 명과 함께 투우와 투우 경기를 보고자 파리에서 스페인의 팜플로나로 향한다. 소설 중 제15장에서만 세 사람이 7리터의 와인을 나눠 마신다.

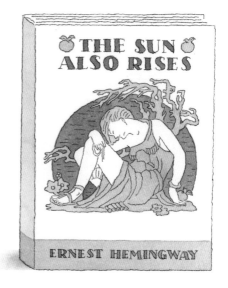

1880년부터 사용된 전통적인 프랑스 라기올 주머니칼. 코르크 마개뽑이가 달려 있다.

헤밍웨이와 그가 만든 등장인물들은 홀로 술을 마시는 일은 물론 천천히 술을 마시며 몇 가지 귀찮은 문제를 겪는 일도 마다하지 않는다. 한번은 제이크가 이런 말을 남긴다. "와인 한 병을 벗 삼아 마셨지. 샤토 마고●였어. 홀로 그걸 천천히 마시며 시음하는 데 참 즐겁더라고. 그 와인은 좋은 친구였어."

스페인 투우에 바치는 찬가인 『오후의 죽음』(1932)에 헤밍웨이는 이런 글을 남겼다. "와인은 세상에서 가장 세련된 물건 중 하나고, 세상에서 가장 완벽하게 나타난 가장 자연스러운 물건 중 하나다. 순수하고 감각적인 것은 이외에도 많지만, 그 어떤 것도 와인만큼 폭넓은 즐거움과 찬사를 이끌어 내지 못한다."

● Château Margaux. 보르도 좌완 그랑 크뤼 1등급의 레드 와인 다섯 종 중 하나

와인을 마시면 여행하게 될 것이다

미식 모험을 즐기는 많은 작가가 와인의 매력에 빠졌다.
영국 작가 D. H. 로런스는 이탈리아, 프랑스, 멕시코,
미국, 호주를 거치는 광범위한 여행을

하며 현지의 와인들을 맛봤다. 하지만
『채털리 부인의 연인』(1928)을 쓴 이 작가는
시음한 모든 걸 좋아하진 않았고, 때로는
가차 없는 비평가가 되었다. 한번은 스페인
와인을 마셔 보고 이런 평을 내리기도 했다.
"늙다리 말의 유황 냄새 나는 오줌을 마신 것
같다."

제임스 조이스는 팡당 드 시옹이라는 샤슬라
포도 품종으로 만든 과일 느낌 가득한
스위스 화이트 와인을 좋아했다. 틀림없이
그는 가끔 머물던 스위스 취리히에서 샤슬라
와인을 발견했을 것이다. 그곳에서 그는
『율리시스』(1922)의 대부분을 썼고,
『피네건의 경야』(1939)를 마무리했다.

제임스 조이스

D. H. 로런스

『피네건의 경야』에서 그는 팡당
드 시옹을 대공비의 오줌에
비유했는데(명백한 극찬이다!) 자신의
식대로 "파니 우리니아Fanny Urinia"라고
표현했다.

26

『늑대를 요리하는 법』(1942)의
저자인 M. F. K 피셔는 미국
음식 저술의 원로다. 그녀는
젊었을 적에 프랑스 부르고뉴의
요리 수도인 디종에서 4년을
살았는데, 그곳에서 프랑스
요리와 와인의 찬란한
아름다움을 받아들였다.

피셔는 와인을 화제로 삼으면 야단스러운 사람이 되었다.
『캘리포니아 대학/소더비 캘리포니아 와인 총람』(1984)의
서문에 이런 글을 남기기도 했다. "나는 와인, 와인 생산지,
내가 와인을 마시는 이유, 와인을 마실 때 그 품종을
선택한 이유, 내가 구할 수 있는 가장 오래된 와인의
코르크 마개를 뽑아야 할 곳 등을 생각하지 않는 내 삶을
생각할 수 없다. 이는 내가 숨 쉬기 전에 나의 삶을 기억할
수 없는 것과 마찬가지다."

프랑스 소설가
마르그리트 뒤라스는
해외에서 태어났다. 양친이
모두 교사였던 그녀는
어린 시절을 프랑스령
인도차이나(현재의
베트남)에서 보냈고, 열일곱
살 때 조국으로 돌아왔다.
뒤라스는 자신의 인기 소설
『연인』(1984)을 술에 취한
채로 썼다고 밝혔다. 1991년
『뉴욕 타임스』에서 그녀는

M. F. K 피셔

일상에서 술이 하는 역할을 이렇게 말했다. "잠에 들려고 레드 와인을 마셔요.
매시간 와인을 한잔 마시고, 아침엔 커피를 마신 다음 코냑을 마시죠. 그런
다음에 글을 써요. 돌아보면 내가 어떻게 글을 썼는지 참 놀라워요."

부코스키의 브로맨스

찰스 부코스키

1994년 『트랜싯』과의 인터뷰에서 찰스 부코스키는 이렇게 말했다. "젊을 때 저는 낮에는 도서관에, 밤에는 바에 드나들었어요." 글을 쓰기에 이상적인 환경에 관한 질문에는 이렇게 답했다. "밤 10시와 새벽 2시 사이죠. 와인 한 병, 담배, 클래식 음악이 흐르는 라디오. 저는 매주 두세 번 밤에 글을 씁니다."

『호밀빵 햄 샌드위치』(1982)에서 그의 또 다른 자아인 헨리 치내스키는 취하는 것의 미덕을 극찬한다. "취하는 건 좋은 일이야. 늘 취한 것처럼 살기로 했어. 그렇게 살면 확실한 사람들과는 거리를 두게 되는데, 그런 사람들과 충분히 멀어질 수 있다면 나 자신도 확실하지 않게 되는 거지."

주머니 사정이 안 좋을 때면, 부코스키는 싸구려 맥주, 위스키, 또는 보드카를 마셨다. 하지만 인세가 두둑하게 들어오면 주종을 고급 레드 와인으로 바로 바꿨다. 부코스키에 따르면 훌륭한 와인은 다음과 같았다. "신의 피 … 창작에 최고인 물건이다. 함께하면 서너 시간은 글을 쓸 수 있다."

부코스키는 존 판테의 글에
오랫동안 홀딱 빠져 있었다.
판테는 로스앤젤레스에서
발표한 초기의 여러 소설로
비평가들로부터 찬사를
받았지만 여전히 무명 작가였다.
1930년대에 처음 나온 판테의
작품은 읽는 독자가 없었고,
그래서 그는 할리우드에서
극작가로 일하며 삶의 대부분을
보냈다. 젊은 부코스키는
로스앤젤레스 공립 도서관에서
판테의 소설을 읽었는데, 그것은
그에게 정말 새로운 충격이었다.
부코스키는 이렇게 말하기도 했다.
"판테는 내겐 신이다."
부코스키는 판테의 『애스크 더

더스트』(1939)를 담당 편집자인 블랙
스패로 출판사 소속 존 마틴에게 보냈고,
이후 판테는 전성기를 맞았다. 마틴은
판테의 소설을 읽고 깊은 인상을 받아
1980년 『애스크 더 더스트』를 시작으로
판테의 모든 소설을 다시 출간했다.

부코스키가 쓰던 마지막 타자기인
IBM 셀렉트릭

부코스키와 존 판테가 자주 들르던,
로스앤젤레스 도심에 위치한 싸구려 바 '킹 에디 설룬'

이탈리아계 미국인이라는 판테의 출신
배경에서 와인은 필수적인 요소였다. 그는
소설 『포도 친목회』(1977)를 "로즈빌에서 온
네 명의 이탈리아 와인 술꾼들의 이야기이자,
내 아버지와 그 친구분들을 중심으로
전개되는 이야기"라고 설명하기도 했다.

셰리엔 뭔가 있다

셰리는 종수는 적어도 특정 작가들이 열렬히 사랑했던 술이다.

스페인 안달루시아의 주정 강화 화이트 와인은
에드거 앨런 포가 쓴 단편 소설 「아몬티야도 와인
통」(1846)의 제목이 되었다. 이 작품에 등장하는
정신 이상의 화자는 자기 집에 부주의한 희생자를
끌어들여 와인을 맛보라고 하는데, 50년 전 그에게
받은 모욕을 살해로 갚기 위해서였다. 아몬티야도는
스페인 몬티야 지역에서 난 짙은 색의 셰리 와인이다.

카슨 매컬러스가 선택한 음료는 셰리 와인과
뜨거운 차를 섞은 것이었다. 『마음은 외로운
사냥꾼』(1940)의 저자인 그녀는 이 혼합 음료를
"서니 보이Sonnie Boy"라고 불렀다. 그녀는 눈에
띄지 않도록 서니 보이를 보온병에 담아 타자기
앞에서 일하는 내내 마셨다. 그녀가 가장
생산적이었던 시절에 이 보온병은 늘 그녀의
동반자로 남았다.

카슨 매컬러스

자서전 『나는 새장에 갇힌 새가 우는 이유를
알지』(1969)로 찬사를 받은 미국의 시인이자
회고록 작가인 마야 앤절루 역시 셰리 와인의
팬이었다. 1983년 인터뷰에서 그녀는 성공적인
글을 쓰는 데 필수적인 물건들을 열거했다.
"저는 사전, 성경, 카드 덱, 그리고 셰리 와인 한
병을 방에 두고 있어요."

마야 앤절루

와인 저술가로 활동하는 소설가

『밝은 빛, 큰 도시』(1984)로 가장 잘 알려진 제이
매키너니는 포도를 향한 열정이 워낙 커서, 부업으로
정통파는 아니어도 존경받는 와인 저술가로 활동했다.
격식에 점점 지나치게 얽매여 간 와인 비평계에 새로운
활력을 불어넣은 그는 월간지 『하우스 앤드 가든』과
『타운 앤드 컨트리』에 와인 칼럼을 기고해 왔다. 에세이집
『저장고의 쾌락주의자: 와인 세계에서의 모험』(2006)에서
그는 이런 글을 남겼다. "사색과 명상에 있어서 발효된
포도즙은 하이볼보다 훨씬 더 강력한 기폭제다. 와인은
신성한 음료이며, 성스럽고 상징적인 액체다."

그는 와인에 관해 흔히 쓰이는 '꽃 느낌이 난다'
같은 표현을 삼가고 문화적인 표현을 종종 쓴다.
백단유, 연필심 같은 요소를 와인에 연결하는 대신
와인 그 자체를 작가나 배우와 동일시하는 경향이
강하다. "보르도는 내 첫사랑인데 … 나는 그 맞수인
부르고뉴에 점점 빠지고 있다. 보르도를 톨스토이라고
한다면 투르게네프에 빠지고 있는 것이다.
절묘함을 조금 포기하고 더 강력한 힘과
풍성함을 느끼고자 할 때에는 도스토옙스키
같은 남부 론 와인을 마신다."

매키너니는 캘리포니아산 포도
시라●에 관해서는 이렇게 말했다.
"시라는 점점 캘리포니아의 스타에
가까워지고 있다. 하지만 여태까지
그 커리어는 배우 올랜도 블룸의
것과 비슷하다는 생각이 든다.
보여 준 것보다 보여 줄 것이 더
많다."

"시인과 연인의 1등급 와인",
매키너니가 사랑하는
샤토 오브리옹

● Syrah. 프랑스 동부의 론 지역과 호주가 대표적인 재배지다.
짙은 색에 타닌 함유량이 높은 와인이 이 품종으로 생산된다.

31

바쿠스의 영광

다른 술과 비교하면 균형이 맞지 않는다는
생각이 들 정도로 많은 사람이 손수 존경을
표하는 와인엔 대체 무엇이 있는 걸까?
맛봉오리에 친숙하다는 점을 제외하고
(알코올 도수가 더 높고, 목을 태우는 듯한
증류주보다는 분명 좋아하기 쉬운 술임엔
틀림없다) 와인의 매력을 하나 들자면 그
알 수 없는 모습이라 할 수 있겠다. 와인은
병에서 변한다. 모든 와인은 이동하는
표적과 같다. 여러분이 7년 전에 마신 절묘한
샤토뇌프뒤파프●는 지금 싸구려 와인처럼 변했을
수도 있다. 와인은 널리 소비되는 만큼 포도
품종, 스타일, 와인 생산지 등의 종류가 당혹스러울
정도로 많고, 다른 술은 이를 흉내도 낼 수 없다.
다행스럽게도 와인 세계에는 부수적인 '전문가'
무리가 있고, 이들을 통해 우리는 도움을 받을 수
있다. 구매하기 가장 좋은 와인을 조언해 주는 와인
비평가부터, 고도의 훈련으로 후각을 단련해 여러분이
저녁에 곁들이는 와인이 무엇인지 냄새로 알아내 주는
레스토랑의 소믈리에까지 전문가는 다양하다.

와인의 신비로움은 와인에 관한 매키너니의 글에
가장 잘 요약되어 있을지도 모른다. "와인은 지적인
즐거움뿐 아니라 감각적인 즐거움도 줄 수 있다.
와인은 그 자체로 무궁무진한 주제이자, 여러
주제의 집합체다. 우리가 따라가고자 하는
마음만 있다면, 와인은 지질학, 식물학,
기상학, 역사, 미학, 문학의 영역으로 우리를
이끌 것이다."

● Châteauneuf-du-Pape. '교황의 새로운 성'이라는 뜻. 레드 와
인, 화이트 와인, 혹은 아홉 가지 포도 품종을 섞은 것으로 만들 수 있
는데, 레드 와인에는 그르나슈라는 품종이 압도적으로 많이 사용된다.

BEER

맥주

제2장

나는 몸을 숙여 바에 기댄 채로 시^市 보좌관과 사무 변호사 사이에서 비터[●]를
마시고 있었다. 맥주의 맛, 맥주의 생생하고 흰 거품, 놋쇠처럼 빛나는 짙은 색,
잔의 축축한 갈색 벽을 따라 들어오는 갑작스러운 세상, 경사진 채 입술 사이로
달려들어 접힌 배로 천천히 내려가는 자태, 혀에 남은 소금기, 그리고 입가에
남은 거품까지, 나는 모든 걸 좋아했다.
— 딜런 토머스, 『강아지 같은 예술가의 초상』(1884) 중 「늙은 가르보」

역사와 대중의 변하는 입맛을 따라 몇 세기
동안 흔들리며 사회적·경제적 사다리를
오르내린 다른 술들과는 달리, 맥주는 노동자
계급이라는 뿌리에 거의 충실하게 남아 있다.
맥주는 흔히 보리 맥아를 써서 만드는데,
보리는 포도나무보다 자연의 변덕, 즉 악천후와
해충에 덜 예민하고 튼튼하다. 그래서 맥주는
와인보다 더 쉽고 저렴하게 생산할 수 있다.

1930년대 즈음 사용된
고전적인 놋쇠 따개

상부가 원뿔형인 1940년대 맥주 캔

그러한 이유로 맥주는 와인이 자랑하는 고상한 명성을 한 번도 누리지 못했고,
와인에 헌정된 수많은 글도 그저 부러워해야만 했다. 하지만 맥주의 기원은
와인만큼 오래되었고, 그 자체로는 물과 차 다음으로 세상에서 가장 널리
소비되는 음료이기도 하다. 심지어 어떤 사람들은 지금의 크래프트 맥주[◆]가
복합적이고 세련된 맛과 향으로 고급 와인에 견줄 수 있다고 주장하기도 한다.

● bitter. 19세기 초 잉글랜드에서 페일 에일을 가리키던 용어. 술집에선 홉 느낌이 거의 나지 않는 마일드 에일도 팔았
기에 손님들은 이와 구분하고자 '비터'라는 별칭을 만들었다. 보통 도수가 3도에서 5.5도 사이로 마시기 편한 맥주다.
◆ 독립적인 소규모 양조장에서 고유한 개성을 담아 만드는 맥주. 만화경처럼 수많은 맥주 스타일이 있다. 한국에선 '수
제 맥주'라는 애매한 정의를 지닌 호칭이 이 명칭을 대체하고 있다.

초기 맥주: 상한 곡물의 호박색 파도

맥주의 기원은 유목 민족이 곡물을 토대로 한 농경 집단으로
전환된 이른 시기와 일치할 가능성이 크다. 그러니 시기를
따지자면 기원전 1만 년까지 거슬러 올라갈 수도 있다. 심지어
몇몇 학자는 맥주의 출현으로 초기 인간이 약탈자에서 농부로
변화했다고 주장하기도 한다. 보리, 밀, 옥수수, 쌀 등의
곡물을 양조하여 맥주가 되게 하는 자연 발효의 발견은 확실히
우연이었다. 구워 둔 빵이 습해져 상하기 시작한 것에서 발견한
것이었으니 말이다. 맥주의 최초 형태는 물에 곡물 맥아를 섞어
천천히 발효하거나 끓이는 것이었다. 보존과 풍미 향상에 쓰이는
홉은 몇 세기 후에 도입되었다.

보리

고대 메소포타미아의 황금 맥주잔.
빨아서 마실 수 있게
주둥이가 달렸다.

고대부터 19세기 말까지 사람들은 남녀노소
구분 없이 비위생적인 강과 개울의 물 대신
안전한 맥주를 마셨다.

수메르의 맥주

고고학적 증거로 보면 보리 맥주
생산은 고대 메소포타미아(현대의
이란)의 수메르인까지 거슬러
올라간다. 즉 기원전 3500년에서
3100년 사이다. 고대 실크 로드
무역로를 따라 있는 고딘 테페
정착지에서 발견된 설형문자
문헌은 맥주에 관한 무수한
상형문자를 보여 준다.

고대 수메르인은 보리 껍질을 비롯한
부스러기를 걸러 내고자 황금이나 갈대로 만든
빨대로 맥주를 마셨다.

인류 초창기의 위대한 문학으로 현대까지 전해진 수메르 시 『길가메시 서사시』(기원전 2700)는 맥주가 환락의 원천이라는 이야기를 전한 최초의 글이다. 시에서 엔키두라는 야만인은 매춘부인 샴핫에게 인간으로서 사는 법을 교육받는다.

"음식을 먹어, 엔키두, 그게 사람이 사는 법이야.
맥주를 마셔, 그게 이 땅의 관습이야."
엔키두는 물릴 때까지 음식을 먹고
맥주 일곱 단지를 마신 뒤
마음이 풀려 즐거움에 차 노래를 불렀다!

『닌카시 찬가』(기원전 1800년경)는 수메르의 맥주 여신을 기리는 시로서, 맥주 양조 과정에 관한 설명을 포함하고 있다. 글을 읽고 쓰는 능력은 당시로선 굉장한 것이었는데, 양조법을 기억하고 퍼뜨리는 방법도 찬가를 부르는 것이었다. 닌카시의 여성 신관들은 보통 역사에 기록된 최초의 양조사들로 간주된다. 여성들은 일반적으로 맥주 양조를 책임졌고, 선술집 관리자 역할도 했다. 모든 사회 계층이 맥주를 소비했다.

『구약』의 「창세기」에선 노아가 밤낮을 가리지 않고 40일 동안 내리는 빗속에서 나타나는 지루함을 달래기 위한 수단을 준비하는 모습이 나온다. 그가 방주에 준비한 것 중에는 여러 통의 수메르 맥주도 있었다.

닌카시

맥주에 둘러싸인 사람들

고대 이집트에서도
맥주는 일상 구조에
흠뻑 녹아들어 있었다.
노동자들은 하루에 세 번
맥주 배급을 받았고, 일이
끝나고 급여로 맥주를 받곤
했다. 메소포타미아에서
그런 것처럼 양조는 거의
여자들의 몫이었다.

수메르인처럼 이집트인도
맥주를 신의 선물로 여겼다.
그들은 오시리스 신이
인간에게 맥주 양조를 가르쳤다고 믿었다. 기원전 2200년의 덴데라 신전
단지에서 발견된 명문銘文에선 이렇게 전하고 있다. "더할 나위 없이 만족한
사람의 입은 맥주로 가득 차 있다."

인류사 최초의 밉살스러운 와인 속물

고대 그리스인과 로마인은 맥주가 자신들이 사랑하는
포도주보다 열등하다고 조롱하길 즐겼다. 게르만족의
맥주 선호에 관해 글을 쓴 로마 역사가 타키투스는
이러한 경멸감을 적나라하게 드러냈다. "튜턴인은 보리나
밀을 발효하여 만든 끔찍한 술을 마신다. 이 술은 와인과
비슷한 구석이라곤 전혀 없다."

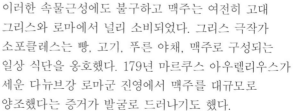

이러한 속물근성에도 불구하고 맥주는 여전히 고대
그리스와 로마에서 널리 소비되었다. 그리스 극작가
소포클레스는 빵, 고기, 푸른 야채, 맥주로 구성되는
일상 식단을 옹호했다. 179년 마르쿠스 아우렐리우스가
세운 다뉴브강 로마군 진영에서 맥주를 대규모로
양조했다는 증거가 발굴로 드러나기도 했다.

소포클레스

직, 잭, 직, 잭, 호이, 호이, 호이

게르만인은 기원전 800년부터 맥주를 양조하기 시작했지만,
서력기원이 시작될 때까지 맥주가 확실하게 번성하는 일은 없었다.
그러던 중세 초 유럽의 맥주는 수도원과 수녀원에서
집중적으로 생산되었다. 이렇게 만들어진
맥주는 여행하는 순례자들을 접대하기 위해
제공되었음은 물론 금식 중인 수도사들에게
영양을 공급하는 데도 쓰였다.

'슈타인'이라 불리는
독일의 맥주잔. 경첩이
달린 뚜껑이 있는 이
잔은 가래톳 페스트

1150년경 독일 수도사들은 맥주 양조
과정에 홉을 도입했고, 이는 현대 맥주의
혁명적인 전신이 되었다. 홉(홉 식물의
열매)은 맥아의 달콤함을 맞받는, 감귤류
느낌의 날카로운 쓴맛을 부여했다.

발발과 연속된 해충
발생 이후 14세기에
고안된 것이다.
1500년대 초에 제정된
독일 법은 음료를 담는
용기가 위생을 위해
반드시 덮여 있어야
함을 명시했다.

존 발리콘

「존 발리콘」은 기원을 알 수 없는 영국의 민요로 16세기에 탄생했다. 민요의
이름이기도 한 존 발리콘이라는 인물은 보리를 비유한 것이다. 민요는 농부와
제분업자의 손에 붙잡힌 발리콘의 고통과 죽음을 보리 재배의 여러 단계(파종,
수확, 맥아 제조 등)에 맞춰 자세히 알린다. 이 희생된 인물이 죽음을 맞이하고
부활한 뒤, 그 몸과 피는 맥주와 위스키라는 형태로 소비된다. 일부 학자들은
존 발리콘 자체가 기독교 성변화의 이교도 유사체라고 주장한다.

「존 발리콘」엔 여러 버전이 있지만, 가장 유명한 버전은 스코틀랜드 시인
로버트 번스가 1782년에 완성한 민요다. 시의 후반 연들에서 존 발리콘은
맥주, 혹은 위스키, 혹은 양자 모두를 가리키는 것처럼 보인다.

존 발리콘은 대담한 영웅이었지,
그 고귀한 업적과 함께.
그의 피를 맛보면,
용기가 솟아나네.

자기로 된 영국의
'존 발리콘' 단지.
1934년경의 물건

고민을 잊을 수 있고,
한껏 즐거워지지.
눈물이 맺힌 모습이긴 하겠지만,
과부의 그 슬픈 마음마저도 노래를 부르게 된다네.

이제 존 발리콘을 위해 건배하자,
각자 손에 잔을 들고.
그의 위대한 후예는
절대 이 멋진 스코틀랜드에서 실패하지 않을 것이니!

1913년 잭 런던은 스스로 "알코올 중독자의 회고록"이라고 표현한
책에 '존 발리콘'이라는 제목을 붙였다. 이 회고록은 술에 대한
애정과 술과의 씨름 모두를 다룬 연대기였다. "존 발리콘은 신과
함께하는 위엄에 찬 동반자였으며, 코가 없는 자(죽음)와 손을
잡은 자이기도 했다."

런던은 자신이 다섯 살 때 밭에서 일하던 의붓아버지에게
맥주가 담긴 양동이를 갖다주다가 맥주를 마시고 처음으로
취한 이야기를 쓰기도 했다. 그래서 10대가 되었을 때 그는
같이 술을 마시는 모든 사람이 만취해도 멀쩡히 술을 마실 수
있었다. 작가로서 경력을 쌓던 초기에 그는 하루에 1천 단어를 적기 전까지는
술을 마시지 않았다. 하지만 시간이 흐르며 그런 다짐도 그의 건강 악화와
함께 천천히 무너졌다. 훗날 그는 술 없이 글을 쓰는 데 곤란을 겪을 정도였다.
그는 술을 마시면 "유쾌하게 얼근해진다"고 밝혔다.

잭 런던 ― 젊은 맥주 술꾼
같은 예술가의 초상

JOHN
BARLEYCORN
JACK LONDON

잭 런던의 『존 발리콘』 초판. 최초의
책 표지는 이런 모습이었다.

런던은 술에 취한 자신의 상태를 다음처럼 화려하게
적었다. "그러니까, 나는 깨달음을 얻은 것 같았다.
머릿속에선 모든 생각이 훤히 떠올랐다. 마치 깊은
밤에 탈옥을 준비하는 죄수처럼, 모든 생각은 그
작은 감방의 문 앞에서 이미 옷을 잘 갖춰 입은 채
쭈그리고 앉아 있었다. 모든 생각이 환하고, 선명하고,
도저히 혼동할 수 없는 그런 심상이었다. 내 뇌는 술이
비추는 환하고 새하얀 빛으로 밝아졌다. 존 발리콘은
진실을 알리는 광란이었고, 최고로 좋은 비밀들을
자발적으로 내주었다. 나는 그의 대변인이었다."

햄프셔 카운티의 양조 책임자

제인 오스틴은 맥주를 즐겼을 뿐 아니라 양조하기도 했다. 18세기 잉글랜드에서 맥주 양조는 여자가 맡는 가사로 여겨졌는데, 오스틴은 스티븐턴의 햄프셔 마을에서 성장하던 10대 때 어머니로부터 이런 맥주 양조 일을 배웠을 가능성이 크다. 1808년 언니인 카산드라에게 보내는 편지에 그녀는 이렇게 적었다. "이런 상황에서 꼬맹이들을 데리고 있는 건 언니고, 커다란 통을 가진 건 나니까 다시 전나무 맥주를 만들면 되겠네." 이 말을 풀이하자면 아이들을 데리고 오면 맥주를 주겠다는 뜻이다.

전나무 맥주는 (전통적으로 사사프라스 나무의 뿌리와 껍질로 만드는) 루트 비어와 비슷했지만 전나무의 꽃봉오리·바늘잎·뿌리로 맛을 냈고, 여기엔 홉과 당밀도 들어갔다. 오스틴 가문은 분명히 집에서 빚은 술을 즐겼다. 그들은 미드도 만들었는데, 미드는 꿀을 물과 섞어 발효해 만드는 맥주의 변종이다. 오스틴 가문은 와인도 만들었다.

오스틴의 양조법은 그녀의 소설 『에마』(1815)에 등장한다. "그는 수첩에 메모를 남기고 싶어 했는데, 그 내용은 전나무 맥주에 관한 것이었다. 나이틀리 씨는 그에게 전나무 맥주 양조법에 대해 앞서 말한 적이 있었다."

오스틴의 정확한 양조법은 안타깝게도 역사 속에 사라졌지만, 잉글랜드 배스에 있는 제인 오스틴 센터는 다음처럼 양조법을 추정하고 있다.

제인 오스틴의 전나무 맥주

물 19리터
홉 55그램
말려서 빻은 생강 뿌리 반 컵
전나무 잔가지 450그램
당밀 3.4리터
따뜻한 물 반 컵에 녹은
    고형 이스트 절반

커다란 솥에 물, 홉, 생강 뿌리, 전나무 잔가지를 넣는다. 홉이 전부 솥의 바닥에 가라앉을 때까지 끓인다. 거름망을 대서 커다란 독에 쏟고 당밀을 넣어 휘젓는다. 이 과정이 끝나 식으면 효모를 넣는다. 뚜껑을 닫고 48시간 동안 놔둔다. 이후 병에 나눠 담고 뚜껑을 덮어 섭씨 21~23도 되는 따뜻한 곳에 닷새 동안 놔둔다. 그 뒤로는 마셔도 된다. 병은 서늘한 곳에서 세워 보관하도록 한다.

크래프트 맥주 양조: 홉으로 가득한 나날이 다시 이곳에

조지 호지슨

20세기의 마지막 25년 동안 벌어진 미국 크래프트 맥주 양조 혁명은 맥주 산업의 길을 근본적으로 바꾼 운동이었다. 이런 운동의 촉매가 된 건 거의 잊힌 맥주 스타일인 인디아 페일 에일, 즉 IPA로 더 잘 알려진 맥주의 부활이었다. 오늘날 홉에 열광하는 사람들은 IPA를 창조했다고 널리 인정받는 18세기 영국 양조사 조지 호지슨에게 어마어마한 신세를 졌고, 이에 당연히 감사를 표해야 할 것이다.

1752년 설립된 런던의 맥주 양조장 호지슨스 오브 보우는 리강 근처에 있었기 때문에 블랙월 구역의 템스강에 정박하던 동인도 회사 함대에 맥주를 쉽게 공급할 수 있었다. 당시 영국의 국영 무역 회사인 동인도 회사는 맥주는 물론 다른 여러 상품을 동양에 있는 대영 제국 영토에 전달하는 주요 공급처였다. 1780년대 호지슨은 맥주가 담긴 오크통에 마른 홉을 보존제로 첨가하면 인도 식민지로 향하는 여섯 달의 항해 동안 맥주의 부패를 막을 수 있음을 깨달았다. 이 강인하고 새로운 맥주가 인디아 페일 에일로 불리게 되었다.

영국 작가 윌리엄 메이크피스 새커리는
자연스레 IPA를 좋아하게 되었다. 아버지가
동인도 회사에서 일하게 되면서 본인이
인도에서 태어났기 때문이다. 그는 식민지
인도를 배경으로 하는 자신의 풍자 소설
『거헤이건 소령의 엄청난 모험』(1838년에
처음 연재)에서 호지스스 오브 보우를
언급했다. "그가 말했다. '내가 호지스스
페일 에일을 마시는 게 그 친구를 재미있게
한 모양이야(뱅골에 온 첫해에 열두 병 짜리를
234세트 마셨거든).'"

1820년대에 새뮤얼 올소프는
자신만의 호지스스
'인디아 에일'을 만들었다.

새커리는 자신의 가장 유명한 소설
『허영의 시장』(1848)에서도 호지스스
페일 에일을 넌지시 언급했다. 소설에서
동인도 회사 직원 조스 세들리는
"이곳을 유명하게 만든 에일을 조금"
마신다. 그리고 『콘힐에서 카이로까지의
여행기』(1846)에서 새커리는 "베이루트에서
낙타에 실은 호지스스 페일 에일"을
발견하고는 황홀경에 빠진다.

윌리엄
메이크피스
새커리

19세기 말 산업용 냉장 시설이 출현함으로써 IPA가
존재할 이유는 대부분 사라졌다. 홉은 유통 기한을 늘리는 데 더 이상
필요하지 않았고, 이후 1백 년간 가벼운 라거 스타일
맥주가 호평을 받으며 지배적인 위치를 차지하게 되었다.
하지만 홉은 훗날 미국의 크래프트 맥주 양조 붐이라는
형태로 복수를 하기 위해 돌아왔다. 미국 서부 해안의
크래프트 맥주 양조장들은 경쟁하듯 홉을 더해 더블
IPA와 트리플 IPA를 탄생시켰다.

홉 열매

빅토리아 시대의 '병에 든 물'

당대의 사회상을 잘 그려 낸
문호 찰스 디킨스의 소설들에는
맥주, 선술집, 맥주 양조장에
관한 언급이 넘친다. 디킨스의
소설들에 나타난 것처럼 19세기
영국의 아이들은 '스몰 비어',
혹은 '테이블 비어'라고 불린
순한 맥주를 마셨는데, 이는
템스강의 비위생적인 물을
마시는 것보다 나았기 때문이다.
『돔비와 아들』(1848)에 등장하는
집사는 주인공인 폴 돔비의
병약한 아들을 시중들 때 "그의
몸을 튼튼하게 하고자 테이블
비어에 때로 포터를 섞었다."
『데이비드 코퍼필드』(1850)의
화자인 주인공 소년은 "에일이나
포터 한잔을 마시고자 이상한
선술집의 바로 향하는" 일에 대해
말한다. 『위대한 유산』(1861)에서
하비샴 양은 아버지의 부를
물려받았는데, 이 부는 그녀의
아버지가 맥주 양조장을
소유하고 운영해서 축적한
것이었다.

찰스 디킨스

44

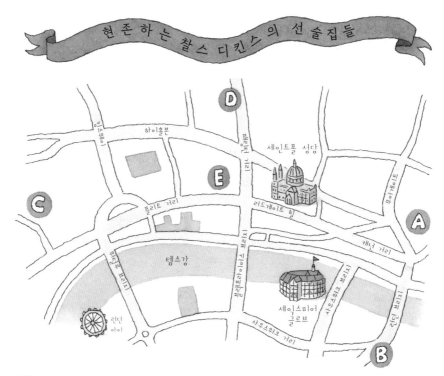

현존하는 찰스 디킨스의 선술집들

A 조지 앤드 벌쳐

1836년부터 1837년까지 연재한 소설
『픽윅 페이퍼스』에서 자주 언급된 전형적인
디킨스풍 선술집
— 캐슬 코트 거리 3번지

B 조지 인

1855년부터 1867년까지 연재한 소설 『리틀
도릿』에서도 언급된 곳으로, 디킨스는 여기서
술을 자주 마셨다. 디킨스의 생명 보험 증권도
이곳 벽에 걸려 있다.
— 버러 하이 거리 77번지

C 램 앤드 플래그

이 펍엔 디킨스가 단골로 들렀을 당시를
기념하는 명판이 있다.
— 로즈 거리 33번지

D 원 턴

『올리버 트위스트』(1839)에 등장하는
페이긴의 불결한 소굴이 이 펍과 같은 거리에
있다. 같은 소설에 등장하는 스리 크리플스
선술집이 이곳의 대역이었을 수도 있다.
디킨스는 1830년대에 여기서 술을 마셨다.
— 사프론 힐 거리 125/126번지

E 예 올드 체셔 치즈

디킨스는 플리트 거리에서 젊은 리포터로
일하던 시절에 여기서 술을 마셨다.
— 플리트 거리 145번지

도체스터 에일

토머스 하디는 고향인 도체스터를 사랑했고, 그곳은 그의 여러 소설에서 배경이 되었다. 도체스터는 특히 알코올 도수가 높은 에일로 유명했는데, 하디는 자기 작품의 수많은 단락에서 고향의 술을 향해 확실한 찬사를 보냈다.

『캐스터브리지의 시장』(1886)에서는 맥주 양조법 하나가 언급된다. (양조 용어 사전이 필요하다!) 이는 하디의 소설에서 배경이 되는 웨섹스 지역 펍들의 실제 맥주 양조법이었다.

1950년 모던 라이브러리 출판사에서
출간한 『캐스터브리지의 시장』 커버

페일 에일 몰트 7킬로그램
  (잉글랜드 M&F의 제품)
황설탕 900그램
홉: 끓을 때 넣을 치눅
  약 25 HBU●
마무리 단계에 2분 정도 쓸
  퍼글 약 28그램
드라이 홉◆으로 사용할
  치눅 3.5그램과
  퍼글 7그램
매시■: 물 17리터

54도에서 매시를 끓여 70도까지 올린다.
  그대로 한 시간 반을 둔다.
77도의 물 34리터를 붓는다. 찻숟가락으로 섞고
  한 스푼을 넣는다.
여섯 시간을 끓인다. 끓이기를 마치기 전에 60분 동안
  비터링 홉★을 넣고 끓인다.
위트°는 16~18리터를 기준으로 비중이 1.30~1.145가 되어야 한다.
효모는 1028 w 효모를 쓴다.
일주일이 지나면 22리터짜리 카보이◇에 담고 샴페인용 효모를
  넣는다.
4~6일 정도 발효하게 두고 136리터짜리 카보이에 담는다.
136리터짜리 카보이가 없다면 22리터짜리 카보이에
  드라이아이스를 넣어 산소를 제거해 쓴다.
드라이 홉 두 가지는 홉 백□에 넣어 2주간 둔다.
홉 백을 제거하고 한 달을 더 놔둔다.
병에 담을 때 탄산이 적을 수 있다. 추가로 약간의 샴페인용
  효모를 넣는다.
효모 활동을 위해 옥수수당 3분의 1 컵 정도를 쓴다.

● 'Homebrewing Bitter Unit'의 약자. '알파 애시드 유닛Alpha Acid Unit'이라고도 한다. 무게 단위인 온스(약 28그램)와 홉의 알파산 함량을 곱하여 산출한다. 홉의 알파산 함량이 산지와 생산한 해에 따라 달라 이 수치는 항상 변한다.
◆ dry hop. 끓을 때 넣는 비터링 홉과는 달리 마무리 과정에서 향을 부여하는 홉. 이것을 넣는 일을 '드라이 호핑'이라고도 하는데, 이는 크래프트 맥주 업계에서 흔히 쓰이는 용어다.
■ mash. 맥아를 간 것에 뜨거운 물을 부은 것
★ bittering hop. 끓는 과정에서 투입되는 홉. 향보다는 쓴맛을 부여한다.
○ wort. 매시에서 당분을 담은 액체만 추출한 것
◇ carbuoy. 액체를 담는 대형 유리병. 보통 취급을 조심해야 하는 액체를 담는다.
□ hop bag. 홉을 담는 양파망 같은 도구

1831년 문을 연 도체스터의 엘드리지 포프 브루어리는 1968년 토머스 하디 사망 40주기를 기념하고자 토머스 하디스 에일을 출시했다. 이는 알코올 도수가 11.7도로, 당시로선 알코올 도수가 가장 높은 잉글랜드산 맥주였다. 이 제품의 라벨에는 하디가 소설 『트럼펫-메이저』(1980)에서 알코올 도수 높은 웨섹스 에일을 묘사했던 내용이 그대로 인쇄되었다. "맥주 장인이 바라 마지않을 가장 아름다운 색을 띤다. 풀바디에 화산처럼 팔팔하고, 톡 쏘지만 지나치지 않으며, 가을날 해넘이처럼 선명하다. 맛이 한결같고, 마지막으로 다소 빨리 취하게 하기도 한다."

토머스 하디

터무니없는 생각

「에일에 관한 짧은 시」(1848)라는 시는 에드거 앨런 포가 지은 것이라는, 출처가 불분명한 소문이 있었다. 전하는 바에 따르면, 포는 매사추세츠주 로얼에 있는 워싱턴 태번에서 이 시를 써서 술값을 치렀고, 소위 '원본'이 1920년경까지 이 선술집 벽에 걸려 있었다고 한다. 하지만 몇몇 학자는 어떤 못된 바텐더가 대중을 속이고자 거짓으로 이런 이야기를 꾸며 냈다고 생각한다.

에일에 관한 짧은 시

거품과 호박색 액체를 뒤섞어 가득 채우면,
    나는 그 잔을 다시 비우리라
내 머릿속 방을 따라
    기어오르는 우스꽝스러운 상상이란 —
이상한 생각 — 기괴한 심상이
    살아 움직이다 사라진다
시간이 어떻게 흐르든 나와 무슨 상관인가?
    오늘 이렇게 에일을 마시고 있는데.

스타우트 친구

허먼 멜빌과 너새니얼 호손

『모비 딕』(1851)의 작가 허먼 멜빌은 애주가들 사이에 형성되는 사회적인
유대를 즐겼음이 분명하다. 1850년 『주홍 글자』를 발표해 명성을 얻은
너새니얼 호손과 허먼 멜빌은 함께 자주 술을 마시며 유쾌한 친분을
쌓아갔는데, 이는 1850년부터 이어진 두 사람의 일기장을 살펴보면
알 수 있다.

1856년 미국 영사로 임명되어 리버풀에
살고 있던 호손을 만나러 멜빌은
잉글랜드로 갔다. 같은 해 11월 10일
사우스포트행 열차를 타고 호손과 함께
여행한 멜빌은 일기에 이런 글을 남겼다.
"기분 좋은 날이었다. 해변을 따라 모래와
풀을 밟으며 긴 산책을 했다. 그곳은 자연
그대로의 모습을 하고 있었고 삭막했다.
강한 바람이 불었다. 좋은 이야기를
나누었다. 저녁엔 폭스 앤드 구스에서
스타우트를 마셨다." 폭스 앤드 구스는
지역 선술집 이름이었다.

11월 15일 체스터에서 한 성당을 답사한 호손은 멜빌과 함께 보낸 시간에 대해 일기장에 이렇게 적었다. "우리는 술집 바 뒤에 있는 작고 아늑한 방에서 시가를 피우고 스타우트를 조금 마셨다."

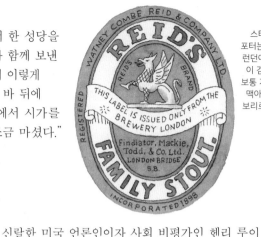

스타우트, 혹은 포터는 1700년대 초 런던에서 유래했다. 이 검은색 맥주는 보통 가마에서 구운, 맥아가 나지 않은 보리로 만들어졌다.

주류 옹호 운동가

신랄한 미국 언론인이자 사회 비평가인 헨리 루이 멩켄은 금주법 시대에 술을 확고히 옹호했던 인물이다. 그는 오히려 진짜 야만인은 술을 마시는 사람이 아닌 금주론자들이라고 주장했다. "직립 원인은 금주가였다. 하지만 당신도 확신할 것이다. 오후 5시에 무엇이 적절한 물건인지는 천사도 알 것이라고."

헨리 루이 멩켄

그는 온갖 술을 즐겼지만, 특히 맥주를 열정적으로 좋아했다. 그중에서도 체코 필스너는 그에게 금본위제 같은 확고한 기준이었다. 한때 그는 체코슬로바키아의 필젠으로 순례를 갔는데, 그곳을 "이 세상 최고 맥주의 고향이자 인류의 위대한 성지 중 하나"라고 칭했다.

필스너 우르켈.
1842년 선보인 이 맥주가 바로
체코 필스너의 원형이다.

"우리 아이가 순수하게 자랄 수 있게 도와주세요"
"주류 판매 반대에 투표해 주세요"
1920년대 금주 운동 포스터

기네스는 당신에게 좋다

34세의 아서 기네스는 1759년 초부터 더블린
세인트 제임스 게이트 구역의 황폐한 건물을 9천
년 동안 빌리는 계약을 맺었다. 이때부터 기네스
스타우트는 맥주 세계에서 가장 상징적인 제품
중 하나가 되었다. 병이나 캔은 잊으라. 탭에서
따른 것을 마시는 게 기네스를 즐기는 유일한
방법이다. 맥주를 잘 아는 사람은 기네스를
따르는 유서 깊은 의식에 익숙하다. 기네스를
제대로 따르는 법은 일단 파인트 잔을 3분의
2까지만 채우는 것이다. 그러고 나서 바텐더가
잠시 물러나 질소로 인해 기네스가 솟아오르고
안정되는 걸 몇 분 동안 지켜보고 잔의 나머지를
채운다. 그러면 손님은 매끈한 거품으로 이뤄진
상부와 그 아래의 칠흑 같은 하부가 뚜렷한
대조를 이룰 때 그것을 즐기면 된다.

고향인 킬데어주 켈브리지에 세워진
아서 기네스 상

이미 와인을 좋아한다고 밝혀진 제임스 조이스도 기네스를 "아일랜드의
와인"이라 불렀고, 자신의 작품에 이 아일랜드의 국민 술은 물론 기네스
가문에 관해서도 무수한 언급을 남겼다.

『율리시스』(1922)에서 기네스 양조장은
리어폴드 블룸의 머릿속을 스쳐 지나간다.
"핸콕에게 출입증을 받아 양조장을 구경하면
흥미로울 거야. 그 자체로 균형 잡힌
세상이잖아. 포터를 담은 통이 늘어선 걸 보면
아름다울 테고. 쥐도 그 통 안에 들어가겠지.
술을 잔뜩 마신 녀석들은 콜리처럼 커다랗게
부풀 거야. 포터로 곤드레만드레가 되겠지."
조이스는 아서의 내손인 아딜론 경과 아이바
경에 대해서도 언급한 바 있다.

1922년 파리에서 실비아 비치가 출간해 많은 논란을
불러일으킨 소설 『율리시스』의 소박한 초판

또한 『피네건의 경야』(1939)에서
'기네스 양조장 방문'은 이어워커 가문
아이들인 솀, 숀, 이시의 수필 주제
목록에도 있었다.

기네스 양조장 입구인
세인트 제임스 게이트

조이스가 "기네스, 자유롭게 흐르는 거품 많고 신선한 음료"라는 광고 문구를
회사에 직접 제안했다는 풍문이 있다. 하지만 술에 관련된 많은 일화가 그런
것처럼 이 이야기에는 신빙성이 없다. 2011년 『제임스 조이스 계간지』에

캐서린 구버내티스 대닌이 기고한
글에 따르면, 해당 이야기는 조이스의
팬과 연구자층을 가리키는 '조이스
인더스트리'와 기네스 컴퍼니 간의
관계를 활용하고자 1982년 기네스
광고사 측이 만든 것이라고 한다.

제임스 조이스

그렇다고 해도 그들이 이미 사람들에게 익숙해진
슬로건인 "기네스는 당신에게 좋다"를 교체할
일은 없었다. 『피네건의 경야』에서 조이스는
이런 글을 남겼다. "포터가 담긴 파인트 잔을 둘
곳을 찾아보자. … 벤저민 리● … 병과 싸우고
있는 거품 많은 수수한 맥주를 보라. 그러면 내
손에 제임스 게이트가 있는 것이니." 그는 또한
기네스의 유명한 슬로건으로 말장난을 하기도
했다. "징기스는 당신에게 깡패다."

"기네스는 당신에게 좋다"
1929년 기네스 광고 포스터

● 아서 기네스의 손자

51

맥주 밀크셰이크와 신의 목소리

존 스타인벡의 소설 『통조림 공장 거리』(1945)의 주요 등장인물인 닥은 맥주를
정말 사랑하는 사람이다. 그래서 누군가가 그에 대해 이런 말을 남긴다.
"언젠가 그 사람은 거기 들어가서 맥주 밀크셰이크를 주문할 거야."

존 스타인벡

맥주 밀크셰이크라는 생각에 완전히 사로잡힌 닥은 결국
용기를 내어 직원에게 그것을 주문하곤 제조법을 즉석에서
알린다. "우유를 조금 넣고, 맥주 반병을 넣는 겁니다. 나머지
반병은 잔에 따라서 가져다주세요. 밀크셰이크엔 설탕이
들어가면 안 됩니다." 이런 스타인벡의 약간 바보 같은 짓은
선견지명임이 드러났다. 70년 뒤 맥주 밀크셰이크는 체인
레스토랑의 메뉴에서도 볼 수 있게 되었다.

미국의 퓰리처상 수상 작가이자 고백시의 선구자인 앤 섹스턴은
마티니를 좋아했지만 점심엔 맥주를 즐기기도 했다. 그녀는
자신의 시 「신과 이야기하는 엘러너 보일랜에게는」(1962)을
다음과 같은 시행으로 시작하기도 했다.

> 신께선 갈색 목소리로 말씀하신다,
> 부드럽고 묵직한 맥주처럼.

남성과 맥주

맥주가 압도적으로 남성에게 매력적인 이유를 설명할 생물학적, 혹은 사회적
요소가 무엇인지 아무도 확신을 갖고 말하지 못한다. 미각을 연구하는 몇몇
과학자는 여성이 미각 민감성이 더 높아 남성보다 쓴맛을 더 못 견디기
때문이라고 주장한다. 사회 역시 달콤하고 과일 느낌 풍부한 '소녀 같은 술'을
마시는 건 '남자답지' 못하다고 아예 정해 놓았다.
하지만 기이하게도 상남자의 전형이라고 할 수
있는 헤밍웨이는 맥주에 그리 큰 관심을 보이지
않았다. 상남자에게 기대하는 바와 달리, 그는
과일 느낌 충만한 다이키리 같은 칵테일도
즐겼다. 설탕을 넣지는 않았지만 말이다.

맥주를 벌컥벌컥 들이킨 몇 명의 대표적인 남성을 소개한다.

미키 스필레인은 1947년에 선보인 범죄 추리소설『내가
심판한다』에서 마이크 해머라는 탐정을 대중 앞에 선보였다.
그런데 하드보일드 탐정들 사이에서 해머는 이상한
사람이었다. 위스키를 마구 들이켜는 동업자들과는 달리
맥주를 좋아했기 때문이다. 훗날 발표된 소설에서 해머는
밀러 라이트를 마신다(스필레인은 이 맥주의 대변인과 같았다).

미키 스필레인

『벌거벗은 자와 죽은 자』(1948)의 저자인
노먼 메일러는 1964년『파리 리뷰』와 가진
인터뷰에서 평일에 일을 어떻게 하느냐는 질문에
이렇게 답했다. "오후가 되면 보통 맥주 한 캔을
마십니다. 자극을 받으려고요."

찰스 부코스키는 주머니 사정이 좋지 않을 때 기본적으로 맥주를 즐겼다.
1988년『라이프』에서 유명 과학자, 신학자, 예술가, 작가 등 그를 포함한 여러
사람에게 삶의 의미를 숙고해 달라는 요청을 했을 때, 부코스키는 이렇게
답했다.

신을 믿는 사람들은 그런 큰 질문 대다수에 대한 답을
얻었습니다. 하지만 신이라는 형식을 선뜻 받아들일 수
없는 사람들에게 그런 큰 질문들에 관한 답은 확실치
않지요. 우리는 새로운 환경과 발견에 적응합니다. 우리는
유연합니다. 사랑은 명령이거나, 믿음이거나, 선언이
아니어도 됩니다. 저는 저만의 신입니다. 우리는 교회,
국가, 교육 체계의 가르침을 잊기 위해 여기 있습니다.
우리는 맥주를 마시고자 여기에 있습니다.

찰스 부코스키

러시아 홉

『닥터 지바고』(1957)로 가장 잘 알려진 러시아의 시인·소설가인 보리스 파스테르나크는 「홉」(1953)이라는 시를 발표하며 맥주 고유의 특징적인 재료에 경의를 표했다.

> 담쟁이덩굴이 감긴 버드나무 아래,
> 우리는 최악의 태풍을 피하려고
> 어깨에는 너라는 두꺼운 외투를 걸치고
> 양손으로는 네 허리를 감았지.
>
> 내가 잘못 알았구나.
> 나무 주변 덤불에 뒤엉켰던 건
> 담쟁이덩굴이 아닌 홉이었어. 네가 나를 취하게 했구나!
> 이젠 땅에 이 두꺼운 외투를 펴뜨리자.

보리스 파스테르나크

스티븐 킹

일만 하고 맥주를 안 마시면 멍청이가 된다

미국의 호러·서스펜스의 거장 스티븐 킹은 맥주를 사랑했지만 대부분 집에서 마셨다. 지금은 술을 절제하는 그는 2013년 『가디언』과의 인터뷰에서 이렇게 말했다. "저는 밖에 나가 바에선 술을 마시지 않아요. 거기엔 같은 얼간이들이 잔뜩 있거든요."

그는 자신의 가장 유명한 작품인 『샤이닝』(1977)을 일종의 고백으로 생각한다. 소설은 자기 자식을 죽이고 싶어 하는 술에 취한 아버지에 관한 이야기로, 킹이 술을 마실 때마다 아이들에 대한 적의를 키우면서 탄생한 이야기다. 그에게 책을 쓰는 건 그런 충동을 잊는 방법이었다.

킹은 술을 즐기던 시절에 『라이터스 다이제스트』를 통해 자신의 생각을 이렇게 전했다. "술에 취해 글을 쓰는 걸 좋아합니다. 그렇게 글을 쓸 때 딱히 문제가 되는 건 전혀 없습니다. 대마를 피우거나 환각제를 복용하면 싸구려 글조차 쓰지 못했지만요." 그 시절에 그는 음주가 글을 쓸 때 꼭 필요한 일이라고 생각했다. "계속 술을 마시는 작가는 오래 버티지 못하죠. 하지만 세심하게 술을 마시는 작가는 더 나은 작가일 겁니다."

스탠리 큐브릭 감독의 영화 포스터를 차용한 『샤이닝』의 1980년도 페이퍼백 버전

B는 Beer지

『카우걸조차 우울한 기분이 든다』(1976)를 쓴 미국 소설가 톰 로빈스는 『뉴요커』에 실린 프랭크 코덤의 만화에서 "맥주를 다룬 아동 서적이 팔릴 것 같진 않아"라는 말을 보고 도전을 감행하기로 했다.

『B는 Beer지』(2009)가 바로 그 결과였다. 로빈스는 "왜 아빠가 차고에 제2의 냉장고를 두는지, 왜 밤늦게 셔츠를 벗고 에어로스미스 음악을 들으면서 차고에 가 있는지 아이들이 분명하게 이해할 수 있도록" 책을 썼다고 밝혔다. 이 작품은 성인들에게도 확실한 매력을 보여 4만 5천 부라는 꽤 괜찮은 판매 성적을 올렸다.

우리는 맥주를 믿는다

오늘날 맥주광들은 맥주 양조의 황금기를 호사스럽게 즐기는 중이다. 현대의 크래프트 맥주 양조장들은 점점 더 복합적이고 색다른 제품을 내는 동시에 풍미가 떨어지던 종전의 라거로부터 멀어지면서 맥주 퍼포먼스의 한계를 계속 넓히고 있다. 두려움을 모르는 맥주 모험가는 현대의 주류점 선반에 있는 기발한 맥주 중에 다음과 같은 것들을 만날 수 있다. 아보카도 꿀 에일, 피자 맥주, 도넛 초콜릿 피넛 버터 바나나 에일, 코코넛 카레 헤페바이젠, 베이컨 커피 포터, 굴 스타우트(황소 고환이 들어가는 스타우트도 있다).

맥주 속물들(예전 같으면 상상도 못할 표현이다)에겐 이제 크게 기뻐할 이유가 있다. 현대의 맥주들이 일반적으로 고급 와인과 위스키에만 배정된 고상한 위치에 조용히 오르고 있기 때문이다. 와인계의 소믈리에에 해당하는 맥주계의 시서론은 이제 부다 볼●과 완벽한 조화를 이루는 유기농 사워 맥주를 당신을 위해 만들어 줄 것이다. 마찬가지로 오늘날 많은 레스토랑에서는 맥주 시음용 메뉴를 홍보하고 있다.

미국의 존경받는 공상 과학 소설가 레이 브래드버리는 (예상대로) 시대를 앞섰던 사람이다. 이는 그가 1955년 펴낸 단편 소설집 『옥토버 컨트리』에서 교양이 있는 사람과 없는 사람 모두가 끌리는 술이 바로 맥주라고 판단한 데에서 드러난다. "맥주는 지적인 물건이야. 얼마나 많은 모자란 놈이 맥주를 마시고 있는지, 참 부끄러운 일이야."

시서론

● Buddha bowl. 일반적으로 곡물과 채소를 사발에 한가득 담아 드레싱을 뿌린 요리를 가리킨다. 닭가슴살 같은 것이 들어가기도 한다. 스타일이 확고하게 정립된 요리는 아니며 '파워 볼', '히피 볼' 등으로 불리기도 한다.

WHISKEY

위스키

제3장

마르셀 프루스트에게 케이크가 있다면, 내겐 버번이 있다.
— 워커 퍼시, 1975년 『에스콰이어』와 가진 인터뷰 중

술의 역사에서 (버번, 스카치 등으로 알려진) 위스키만큼 다채로운 역사나
대중문화에 맞는 특징을 가진 술은 몇 없다. 곡물 매시로 만든 이 증류주는
야성적인 스코틀랜드 하일랜드인, 희끗희끗한 미국 서부의 청부 살인자,
하드보일드 탐정의 이미지를 떠올리게 한다. 위스키와 관련된 문학적 역사 또한
꽤 오래되었다. 이 술을 즐긴 작가의 목록은 이 책에서 소개하는 다른 어떤
술의 경우보다 더 길다.

생명의 물

증류 기술, 혹은 증발과
응축을 통해 불순물을
제거하여 액체 형태로
정수만을 받는 과정은 기원전
2000년경 중국, 이집트, 혹은
메소포타미아에서 시작된
것으로 보인다. 증류 기술은
수천 년 동안 유럽으로
퍼졌고, 11세기와 13세기
사이 어느 시점에 수도사들의
순회를 통해 스코틀랜드와
아일랜드로 전해졌다.
스코틀랜드와 아일랜드의
수도원들은 자기 지역이 포도
재배와 와인 생산에 맞지 않는
기후라고 판단하고 인근에서
구할 수 있는 곡물을 갈아
발효하고 증류해 위스키를
만들었다. 스코틀랜드와
아일랜드는 여전히 누가
위스키를 먼저 선보였는지를
두고 논쟁 중이다.

1830년에 설립된
스코틀랜드 스카이섬의
탈리스커 증류소

위스키라는 용어는 '생명의 물'을 뜻하는 게일어 'uisge beatha(이시기
바하)'에서 온 것이다. 영어에서 이 단어는 'whiskybae(위스키배)'로 수정되었고
이내 'whisky(위스키)'로 줄었다. 위스키의 스펠링은 스코틀랜드와 캐나다에선
'whisky', 아일랜드와 미국에선 'whiskey'다.

얼근하게 취한 스코틀랜드 시인들

스코틀랜드산 위스키인 스카치는 곧 국가를 상징하는
술로 여겨졌다. 그래서 스코틀랜드의 국민 시인인 로버트
번스가 그것을 마시고 흠모했던 건 전혀 놀랄 일이 아니다.
전하는 바에 따르면, 그는 아마亞麻 씨를 훑어 내는 기계
사업을 배우러 스물두 살 때 노스에어셔주의 해안 도시
어바인으로 갔을 때 이시가 바하를 처음 마셨다고 한다.

로버트 번스

그는 자신의 시「스코틀랜드 술」에서
위스키가 영감을 자극한다는 말을 남겼다.

스코틀랜드 퀘이치, 혹은
전통적인 '우정의' 술잔.
16세기에 등장했으며
스코틀랜드 영주인 하일랜드 치프턴들이
위스키를 나눌 때 쓰던 것이다.

아아, 그대 나의 뮤즈! 훌륭한
　　스코틀랜드의 술이여!
그대가 굽이치는 웜 속으로 휙휙
　　움직이든, 그 풍부한 갈색 액체
　　가장자리에 거품을 띄우든,
그 영광스러운 거품으로,
내게 영감을 다오, 내가 혀 짧은 소리로
　　눈을 껌뻑일 때까지.
그대 이름을 노래할 수 있게!

월터 스콧

『롭 로이』(1817), 『아이반호』(1820) 등 고전 소설을 쓴 스코틀랜드 작가 월터 스콧 역시 번스처럼 조국의 술에 매료되었다. 스카치위스키 역사가 이언 러셀은 이런 글을 남겼다. "스콧은 훌륭한 스카치위스키를 고귀한 술로 여겼고, 더불어 그것을 자신의 작품 대부분에 영감을 제공하는 하일랜드 문화를 상징하는 필수 요소로 생각했다."

서구 전통에서 최초의 역사 소설로 인정받는 스콧의 『웨이벌리』(1814)는 1745년 자코바이트 반란이 일어난 후 스코틀랜드에 주둔한 연대의 어느 풋내기 잉글랜드 병사를 이야기한다. 여기서 병사는 스코틀랜드 하일랜드인들의 영웅적인 전통과 위스키를 접하게 된다.

스코틀랜드 하일랜드인

어쨌든 위스키를 허용한 조치는 하일랜드인들에겐 호탕한 일로 보였을 것이다. 왜냐하면 그들은 탁 트이고 지나치게 습한 기후에서 평생을 살았는데, 평소에 머리나 몸에 미쳤던 해로운 영향 없이 불처럼 뜨거운 술을 어마어마하게 마실 수 있었기 때문이다.

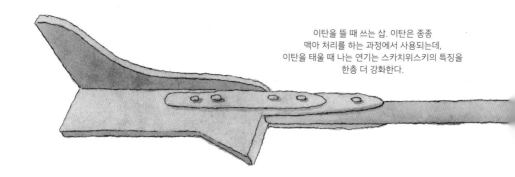

이탄을 뜰 때 쓰는 삽. 이탄은 종종 맥아 처리를 하는 과정에서 사용되는데, 이탄을 태울 때 나는 연기는 스카치위스키의 특징을 한층 더 강화한다.

스카치위스키의 영향력과 번영

20세기 대서양을 건너다니던 작가들도 선조로부터
내려온 술에 크게 열광했다.

걸출한 영국 소설가 그레이엄 그린은 J&B
스카치위스키에 탄산수를 곁들여 마시기를 즐겼다.
그린의 가장 유명하면서도 논란이 많았던 등장인물
중 하나도 『권력과 영광』(1940)에 나타나는 이름 모를
'위스키 신부'다. 초판 3천5백 부로 나온 『권력과 영광』은
그린의 걸작으로 여겨지곤 한다. 1930년대 멕시코를
무대로 한 이 작품은 무신론 정부가 가톨릭교회를
박해하는 것에 두려움을 느껴 술에 취한 몽롱한 상태로
사목 활동을 하는 신부를 그린다.

문학사에서 가장 유명한 음주 장면 중 하나도 그린이
쓴 『아바나 사나이』(1958)에 나온다. 주인공인 제임스
워몰드는 낮에는 불행한 진공청소기 판매원이고, 밤에는
능숙한 간첩이다. 그러다가 어떤 사람과 체커 게임을
하게 되는데, 위스키 미니어처 병을 말로 쓴다. 한쪽에는
스카치위스키가, 다른 한쪽에는 버번위스키가 놓여 있다.
워몰드는 말한다. "상대방 말을 잡으면 그 말로 쓰인 술을
마시는 겁니다." 여기서 등장한 스카치위스키는 조니 워커
레드, 그리고 움푹 팬 특유의 병에 담긴 헤이그, 케어곰,
그랜츠였고, 버번위스키는 포 로지스, 켄터키 태번, 올드
포레스터, 올드 테일러였다.

그레이엄 그린이 좋아하던
스카치위스키

킹슬리 에이미스가 온갖 술을 즐긴 건 기록에 잘 남아 있지만, 그는
스카치위스키만은 마음속 특별한 곳에 간직하고 있었다. 술에 바치는 찬가인
『일상의 음주』(1983)에서 그는 이렇게 썼다. "내게 스카치위스키는 무인도에
가져갈 술이다. 나는 그 술을 좋아할 뿐 아니라 하루 중 어느 때든, 어떤 일이
생기든 마실 수 있는 음료로 여긴다. 심지어 식사 때도 말이다."

킹슬리 에이미스의 애들러 유니버설 39 타자기

다작을 한 작가인 에이미스는 타자기를 두드릴 때에도 술을 멀리하지 않았다. 1975년 『파리 리뷰』와 가진 인터뷰에서 그는 이런 말을 남겼다. "적당량의 술과 여유로운 작업 속도는 제게 소중합니다. 적어도 저는 그렇게 생각합니다. 그런 게 없이 더 나은 글을 쓸 수도 있었겠죠. 하지만 그 둘이 없었다면 제가 글을 훨씬 덜 썼을 거라는 것도 맞는 말일 겁니다."

술에 절었다고 봐도 무방한 많은 동시대인에 비해 제임스 조이스는 술을 가볍게 마시는 축에 속했다. 하지만 그는 앞서 말한 와인과 맥주 외에도 위스키를 즐겼다. 조이스의 전기를 쓴 리처드 엘먼은 밤에만 술을 마시는 조이스의 성향에 대해 글을 쓰며 이런 언급을 남겼다. "그는 엄청나게 신중한 모습을 보이며 과도하게 술을 마셨다."

조이스다운 특별한 일화가 하나 있다. 건강이 쇠약해지던 와중에 『피네건의 경야』 초기 원고에 대한 실망스러운 반응으로 기분까지 상했던 조이스는 소설을 마무리하지 못할 경우를 대비해 공저자의 도움을 빌릴 것을 고려했다. 그가 최종 공저자로 생각했던 사람은 제임스 스티븐스였는데, 이는 그가 가장 뛰어난 사람이어서가 아니라 그와 함께 책을 쓰면 자신이 좋아하던 더블린 위스키인 존 제임슨 앤드 선^{John James & Son}과 똑같은 두문자(JJ&S)를 책 표지에 쓸 수 있었기 때문이다.

아일랜드 공화국의 시인·소설가·극작가인 브렌던 비언은 생전에 아일랜드 위스키와 다른 술들을 엄청나게 마셨다(그는 술로 인한 병으로 1964년 41세의 나이에 사망했다). 그는 자신을 "집필 문제를 겪는 술꾼"이라고 표현했고, 영국 펑크 밴드인 포그스는 그를 주제로 〈Streams of Whiskey(위스키 개울)〉라는 노래를 만들었다.

제임스 조이스가 선호한
위스키 브랜드인
존 제임슨 앤드 선

미국에서의 위스키 디아스포라

17세기 스코틀랜드와 아일랜드에서 많은 사람이 아메리카 식민지로 이주했는데, 이들에겐 위스키 증류의 노하우가 있었다. 위스키는 곧 귀중한 상품이 되었고, 미국 독립 전쟁 중에는 통화로 사용되기도 했다.

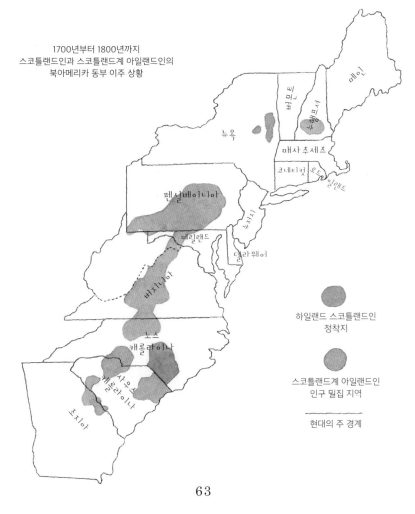

1700년부터 1800년까지
스코틀랜드인과 스코틀랜드계 아일랜드인의
북아메리카 동부 이주 상황

하일랜드 스코틀랜드인
정착지

스코틀랜드계 아일랜드인
인구 밀집 지역

현대의 주 경계

1791년 알렉산더 해밀턴은 독립 전쟁 부채 상환을 용이하게 하고자 위스키에 연방 소비세를 부과했다. 이에 펜실베이니아에 터를 잡은 스코틀랜드와 아일랜드 이주 농민들은 '위스키 반란'이라는 봉기를 일으키게 된다. 세무 관리들은 농부들로부터 공격을 받았고, 몇몇 사례에선 매질을 당하고 타르 범벅이 된 채 가금류 깃털을 뒤집어쓰기도 했다. 결국 1794년 조지 워싱턴 대통령은 명령을 내려 국민군을 동원해 반란을 진압했지만, 위스키에 부과된 세금은 1802년까지 유지된 뒤 토머스 제퍼슨 대통령을 통해 폐지되었다.

'위스키 반란' 당시 세무 관리들은 농부와 증류업자에 의해 타르 범벅이 된 채로 가금류 깃털을 뒤집어썼다.

삶을 안락하게 하는 남부의 물건

가장 유명한 미국 위스키인 버번은 미국 남부에서 탄생했다. 버번이라는 명칭을 쓰려면 원액은 반드시 미국에서 생산되어야 하고, 내부를 태운 새 오크통에서 숙성되어야 하며, 증류 과정에 쓴 곡물 중 최소 51퍼센트가 옥수수여야 한다.

버번이란 명칭이 19세기 켄터키주 북부 버번 카운티에서 유래되었다는 건 널리 인정받는 주장이다. 하지만 버번 역사가이자 작가인 마이클 비치는 그 명칭이 뉴올리언스와 타라스콘 형제라 알려진 두 남성에게서 비롯했다고 주장한다. 그에 따르면, 1807년경 프랑스의 코냑 지방을 거쳐 루이빌로 온 두 사람이 그 지역에서 생산된 위스키를 오하이오강에서 루이지애나의 항구 도시인 뉴올리언스까지 운송하기 시작했다고 한다. 그리고 "그들이 버번 거리에서 판매하는 위스키"의 수요가 점점 늘어서 결국 그 위스키가 버번위스키가 되었다는 것이다.

오크통 내부를 새까맣게 태우면 오크의 헤미셀룰로오스가 분해되어 당이 되고, 이어 캐러멜화되어 버번위스키에 독특한 풍미를 부여한다.

매시의 최소 80퍼센트가 옥수수인 콘 위스키는 미국 미주리주 조플린에서 태어난 시인·극작가·소설가인 랭스턴 휴스가 즐기고 찬사를 보낸 술이다. 그의 시 「헤이 헤이 블루스」는 1939년 『뉴요커』 지면에 실렸다.

랭스턴 휴스

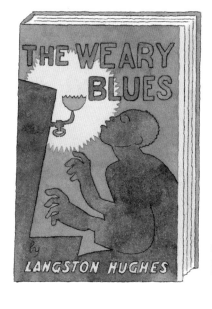

물에는 헤이 하고 말하고,
맥주에는 헤이 헤이 하고 말하지,
물에는 헤이,
맥주에는 헤이 헤이,
하지만 좋은 콘 위스키를 마시면
헤이 헤이 헤이 하며 건배하지!

휴스의 데뷔 시집 『위어리 블루스』는
금주법이 시행 중이던 1926년에 출간되었다.
당시 휴스는 스물네 살이었다.

상당수의 남부 문인들이 지역 술을 즐겼는데, 그중엔 『영화광』(1961)을 쓴 루이지애나 출신 소설가 워커 퍼시도 있었다. 그는 버번 음주의 미학, 특히 병에서 그대로 따라 실컷 마시는 일을 높이 평가했다. 1975년 워커는 『에스콰이어』에 「버번」이라는 수수한 제목의 글을 기고하며 버번의 용도에 다음과 같은 찬사를 보냈다. "버번은 가슴을 훈훈하게 데우고, 20세기 말의 사회적 무질서를 줄이며, 수요일 오후 목에 끼는 차가운 가래를 낮게 한다."

워커 퍼시

위스키의 대표 시인

미국 남부 출신이자 노벨상을 수상한 유명 작가
윌리엄 포크너는 이렇게 말했다. "문명은 증류와 함께
시작한다." 그는 독보적인 작가였으며, 위스키를 가장
열렬히 옹호한 문인이었다.

윌리엄 포크너

1897년 9월 25일 미시시피주 뉴올버니에서
태어난 포크너는 같은 주의 옥스퍼드에서
성장했고, 삶의 대부분을 그곳에서 보냈다.
그가 쓴 모든 소설의 배경이 되는 허구의 지역
요크나파토파 카운티는 바로 이 옥스퍼드가
원형이다.

포크너와 위스키의 관계는 1918년에 시작되었다. 당시 그의 고등학교 시절
애인인 에스텔 올덤이 다른 남자와 결혼식을 올리자, 포크너는 크게 상심하여
위스키에 기댔다. 그리고 잠시 코네티컷주 뉴헤이븐으로 떠나
가족 모두의 친구이자 예일대 졸업생인 필립 스톤의 집에
머물게 되었다. 스톤은 젊은 작가의 멘토가 되어 제임스
조이스, 에즈라 파운드, T. S. 엘리엇의 작품들을
그에게 소개했다.

포크너는 ('올 미스'라는 별칭으로도 불린)
미시시피대학을 고작 세 학기만 다녔는데, 자퇴
전 영문학 성적으로는 D를 받았다. 전하는 바에
따르면, 이 시기에 그는 하루에 1리터에 가까운
버번을 마셨다고 한다. 그로부터 7년 뒤인
1926년, 그는 첫 소설인 『군인의 보수』를 펴내
호평을 받았는데, 이 소설엔 이런 구절이 있다.
"어머니의 사랑만한 것이 어디 있겠나? 좋은
위스키를 마시는 일은 빼고 말이다."

미시시피대학의 렙 대령 마스코트를 두고
인종 차별의 요소가 있다는 논란이 있었다.
마스코트는 2003년 폐지되었다.

1929년 포크너는 에스텔이 10년간의 결혼 생활 끝에
이혼했다는 소식을 들었고, 그로부터 두 달 뒤인 6월에
에스텔과 결혼했다.

이후 같은 해에 포크너의 첫 주요작인 『소리와 분노』가
출간되었다. 조각 그림 맞추기 같은 서술 기법과 포스트
조이스식의 의식의 흐름 기법 탓에 읽기는 까다로웠지만,
작품은 훗날 걸작으로 칭송받게 된다.

에스텔 올덤

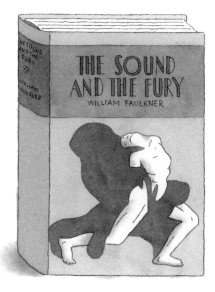

1930년 술을 계속 과하게 마시던
포크너는 두 번째 주요작으로 인정받는
소설 『내가 죽어 누워 있을 때』를
발표했다. 포크너는 집필 중에 술을
마셨다는 사실을 선뜻 인정했다. 그는
자신의 프랑스어 통역가 모리스 에드가
쿠앵드로에게 이렇게 말했다. "저는 보통
밤에 글을 씁니다. 위스키는 늘 손이
닿는 곳에 있어요. 그래서 머릿속에
떠오르던 그 많은 생각이 아침만 되면
기억할 수 없더라, 이겁니다."

1929년 조너선 케이프 앤드 해리슨 스미스 출판사에서
출간한 『소리와 분노』 초판

일과 음주를 능숙하게 분리한 것으로 알려진 헤밍웨이는 한번은 포크너에 대해
이렇게 말하기도 했다. "책을 보면 그 친구가 언제 처음 술을 마셨는지 바로 알
수 있죠."

1932년에 나온 대작 『8월의 빛』은 금주법 시대의 미국 남부를 배경으로
하는데, 이 소설의 핵심 인물 중 한 사람이 바로 위스키 밀매업자 조
크리스마스다. 포크너는 이 소설에서 위스키를 마시는 행위를 감명 깊게
표현했다. "위스키가 당밀처럼 차갑게 그의 목구멍을 흘러 내려갔다. 이어
위스키가 그의 안에서 타오르기 시작했다. 그의 생각은 느릿하고 뜨겁게
감기며 움찔하는 내장과 하나가 되었다."

TRADE MARK

Metro Goldwyn Mayer

그해 포크너는 생활비를 대고자 할리우드로 가서 영화 제작사 MGM의 시간제 극작가로 일했다. 할리우드에서의 시간 낭비는 이후 몇십 년 동안 이어졌다.

영화 《우리가 사는 오늘》의 원본 포스터

한 인터뷰에서 영화감독 하워드 호크스는 포크너와 영화 대본에 대해 논의할 때 위스키 2리터 정도를 마시기도 했다고 밝혔다. 1933년 흥행에 성공한 영화 《우리가 사는 오늘》은 이런 논의를 거쳐 완성된 대본을 바탕으로 했다. 주연은 게리 쿠퍼와 조앤 크로퍼드가 맡았다. 포크너는 영화 《소유와 무소유》(1944)와 《빅 슬립》(1946)의 대본을 공동으로 집필하기도 했다.

할리우드에 점점 더 자주 발길을 옮기는 동안 포크너는 무소 앤드 프랭크 그릴이라는 레스토랑을 즐겨 찾았다. 이곳에서 그는 올드 그랜드대드 버번을 주문했다고 한다.

흔히 포크너의 가장 위대한 소설로 여겨지는 『압살롬,
압살롬!』은 1936년에 출간되었다. 하지만 이듬해 뉴욕
알곤킨 호텔에 묵던 포크너는 만취하여 증기 발열기에 등을
기댄 채 의식을 잃는 바람에 등에 심한 화상을 입었다.
작품에 대한 질문에 그는 이렇게 말했다. "젠장, 그게
무슨 소린지 내가 어떻게 알겠습니까? 그걸 쓸 때 나는
취해 있었다고요."

1950년 포크너는 노벨
문학상을 받았다. 그리고
그로부터 5년 뒤 소설
『우화』로 퓰리처상과
전미 도서상을 받았다.
당시 그는 버번을
합리적으로 마시고
있었다. 인후염, 요통,
전신 권태 등 자신의
다양한 병을 '치료'할 필요가 있었기 때문이다.

포크너가 즐겨 마신 여러 버번 중
하나인 올드 그랜드대드

런던 딕비 사가 제조한
포크너의 담배 파이프

1962년 포크너는 소설 『약탈자들』을 발표하고
한 달 뒤에 심장 마비를 일으켜 64세를 일기로
숨졌다. 그리고 이듬해 이 소설로 두 번째
퓰리처상을 받았다. 포크너의 묘비명에 적합한
글귀는 그가 이전에 말했던 성공적인 하루 일을
위한 규칙일지도 모르겠다. "내가 일을 할 때
필요한 도구는 펜, 종이, 음식, 담배, 그리고
약간의 위스키뿐이다."

알곤킨 호텔 사건

민트 줄렙

윌리엄 포크너는 분명 위스키를 있는 그대로 마시기를 즐겼고(그는 잭 다니엘과 올드 크로를 특히 좋아했다), 토디*를 차갑게 또는 뜨겁게 자주 마셨다. 하지만 그를 상징한다고 할 수 있는 칵테일은 민트 줄렙이다.

줄렙julep이라는 단어는 고대 페르시아어인 'gulab(굴랍)'에서 유래했다. (오늘날 서양엔 장미 향수라는 표현으로 잘 알려진) 이것은 장미꽃잎 향을 낸 물로서 여전히 음식, 음료, 향수, 화장품, 종교 의식 등에 활용되고 있다. 지중해 지방에서는 자생종인 민트가 장미꽃잎을 대체했는데, 그 음료는 결국 신세계로 와서 미국 남부의 버번과 결합하게 되었다.

1938년부터 민트 줄렙은 켄터키 더비에서 중요한 요소가 되었고, 1983년엔 이 경마 행사의 공식 음료가 되었다. 매년 이틀 동안 펼쳐지는 이 경마 행사에서는 약 12만 잔의 민트 줄렙이 소비된다.

포크너는 민트 줄렙을 무척 좋아해 자신만의 제조법을 만들 정도였다. 생전에 포크너가 살던 집인 미시시피주 옥스퍼드의 로언 오크에는 타자기로 이 제조법을 기록한 메모 카드가 놓여 있다. 금속으로 된 잔에 위스키, 찻숟가락으로 설탕 한 술, 얼음, 민트를 넣고 즐기는 이 제조법을 정확하게 정리하면 다음과 같다.

포크너의 민트 줄렙

네다섯 개의 민트 줄기에서 딴
    잎과 장식용 민트 줄기
설탕 한 큰술
물 두 찻숟가락
부순 얼음
버번위스키 75밀리리터

금속으로 된 민트 줄렙 잔이나 하이볼 잔을 준비한다. 민트 줄기를 제거하고 잎만 넣어 부드럽게 으깬다. 설탕과 물을 넣고 부순 얼음으로 잔을 채운다. 버번위스키를 넣고 민트 줄기로 장식한다.

● toddy. 일반적으로 뜨거운 토디는 위스키에 뜨거운 물과 꿀을 섞어 마시고, 차가운 토디는 위스키에 오렌지, 레몬, 정향 등과 함께 얼음을 넣어 아주 차가워질 때까지 저은 다음 마신다. 물론 토디의 재료는 만드는 사람에 따라 변할 수 있다.

70

현실의 제이 개츠비

금주법 시행 기간에 미국에서 가장 악명 높은 위스키 밀매업자는 조지 리머스였다. 그는 자신을 3인칭으로 언급하는 기이한 습관으로 유명했다. 미국 중서부의 형사刑事 변호사였던 리머스는 금주법을 샅샅이 파헤쳐 허술한 구멍을 찾아내 보세 창고에 비축된 위스키를 사고 팔 수 있었다(이 위스키는 의사의 처방전이 있으면 마실 수 있는 정부 공인 '의료용' 위스키였다). 증류소와 도매 제약 회사를 소유하면 합법적으로 막대한 양의 술을 사고 팔 수 있음을 깨달은 그는 그렇게 얻은 술을 불법으로 판매했다.

시카고 대부분이 조직범죄에 장악되자, 리머스는 신시내티로 근거지를 옮겼다. 그곳에는 미국 보세 위스키의 80퍼센트가 있었다. 그는 이내 막대한 부를 얻었지만 결국 체포되어 1921년에 유죄 판결을 받았다. '밀매업자의 왕'은 F. 스콧 피츠제럴드의 소설 『위대한 개츠비』(1925)의 주인공 제이 개츠비가 탄생하는 데에도 영감을 주었다. 소문에 따르면, 피츠제럴드는 루이빌의 호텔에서 리머스를 우연히 만나 그의 허풍 심한 성격에 매료되었다고 한다.

조지 리머스

위스키 사워

1925년, 자신의 첫 소설을 아직 내지 못하고 있던 신출내기 작가 어니스트 헤밍웨이는 자신보다 세 살 많은 스타 문인 F. 스콧 피츠제럴드를 프랑스에서 만났다. 헤밍웨이의 파리 생활 회고록 『파리는 날마다 축제』(1964)에는 위스키 사워에 관한 이야기가 나오는데, 당시 몸이 좋지 않았던 피츠제럴드는 자신의 "폐에 울혈이 생겼다"고 확신했다. 다른 말로 폐렴에 걸린 것이 아닌지 의심했다는 뜻이다. 그러자 헤밍웨이는 갑자기 화를 벌컥 내면서 피츠제럴드를 진정시키고자 했다. "이봐, 스콧, 정말 괜찮다니까. 감기 예방에 최고가 뭔지 알아? 침대에 누워 있는 거라고. 내가 위스키 레모네이드를 자네 것까지 주문할게."

헤밍웨이는 웨이터를 불러 갓 짜낸 레몬주스와 더블샷 위스키를 각각 두 잔씩 주문했고, 피츠제럴드는 위스키와 레몬주스를 섞어 마시고는 곧 기분을 전환했다. 그들이 이런 혼합 음료를 두 번 더 마신 후 정신을 잃은 피츠제럴드는 부축을 받아 겨우 침대에 누웠다.

위스키 레모네이드엔 레몬의 쓴맛을 상쇄하는 감미료가 쓰이지만, 달콤한 음료를 전혀 좋아하지 않은 헤밍웨이는 이를 생략했음을 글에서 밝혔다.

전통적인 위스키 사워

위스키(버번) 60밀리리터
갓 짜낸 레몬주스 20밀리리터
정선제당 한 찻숟가락,
　　혹은 단미시럽 22밀리리터
달걀흰자 한 개
　　(넣지 않아도 무방하다)
부순 얼음
장식용 마라스키노 체리
　　혹은 레몬 조각

위스키, 레몬주스, 설탕, 달걀흰자(사용할 경우에만), 부순 얼음을 셰이커에 넣고 잘 흔든다. 거름망을 대고 차가운 칵테일 잔에 붓는다. 마라스키노 체리나 레몬 조각으로 장식한다.

하드보일드와 만취

하드보일드 탐정 소설의 창시자들인 레이먼드 챈들러와 대실 해밋은 위스키를 사랑했다. 챈들러 작품의 전형적인 등장인물인 필립 말로는 사설탐정으로서 그의 여러 소설에 등장하는데, 사무실에는 항상 올드 포레스터 버번을 두고 있다. 챈들러는 한번은 이렇게 이야기했다. "나쁜 위스키는 없다. 다른 위스키처럼 훌륭하지 않은 몇몇 위스키가 있을 뿐이다." 대실 해밋의 가장 유명한 탐정 캐릭터인 샘 스페이드 역시 위스키를 즐겼다. 『몰타의 매』(1930)에서 그는 (위스키, 스위트 베르무트●, 비터스◆로 만드는) 맨해튼 칵테일을 컵에 따라 마신다. 해밋의 다섯 번째이자 마지막 탐정 소설인 『그림자 없는 남자』(1934)는 금주법이 폐지되고 고작 몇 달도 지나지 않았을 때 출간되었다. 이 책은 기꺼이 술을 마실 준비가 된 대중에게 열렬히 읽혔고, 시종일관 스카치위스키 향을 뿜냈다.

몰타의 매

미국의 극작가·시나리오 작가·논객인 릴리언 헬먼은 대실 해밋과 30년 동안 수시로 만나고 헤어지는 떠들썩한 관계를 유지했다. 희곡 『아이들의 시간』(1934)과 『작은 여우들』(1939)을 써서 큰 성공을 거둔 덕에, 그녀는 남자밖에 없던 배타적인 미국 극작가 협회에 여성으로서 처음 발을 들이게 되었다.

릴리언 헬먼

헬먼은 술꾼으로도 무척 능했다. 그녀는 스카치위스키를 와인 잔에 그대로 따라 마시기를 즐겼다. 위스키는 일반적으로 남자의 술이라고 여겨졌지만, 그녀는 유명한 예외였다. 그녀의 오랜 친구인 도로시 파커도 진 마티니와 샴페인에 잠깐 손을 대다가 결국 스카치위스키에 정착했다.

도로시 파커

● vermouth. 다양한 식물 재료(껍질, 뿌리, 꽃, 씨앗 등)로 향을 낸 주정 강화 화이트 와인. 달콤한 것(스위트)과 쓴 것(드라이)이 있다.
◆ bitters. 다양한 식물 재료를 써서 쓴맛, 신맛, 달곰쌉쌀한 맛을 내는 알코올 조제품. 계피, 카스카리아, 용담, 오렌지 껍질, 기나 껍질 등이 재료로 자주 사용된다.

청바지를 입은 판도라

1950년대 중반 한 작가의 데뷔 소설에 등장한 허줄한 뉴햄프셔 주부가
위스키를 즐겨 마시는 모습은 미국 대중을 충격에 빠뜨렸다. 이 소설은 그야말로
어마어마한 베스트셀러가 된 것은 물론 논란이 많기로 손꼽히는 20세기 작품이
되었다. 영화로, 장수 텔레비전 연속극의 형태로 등장하기도 한 이 소설은
바로 그레이스 메탈리어스의 『페이턴 플레이스』다. 메탈리어스는 순식간에
부유하고 유명해졌으며, 자신도 모르게 페미니즘의 선구자가 되었다. 아이젠하워
시대의 사회 규범은 무척 제한적이었는데, 이에 분노를 삭이던 미국 여성들이
메탈리어스의 소설에서 영감을 받았던 것이다.

1924년 9월 8일 뉴햄프셔주 맨체스터의 방직 공장
인근 마을의 가난한 집에서 태어난 그녀의 본명은 마리
그레이스 데레펀티그니다. 프랑스계 캐나다인 혈통인
그녀는 메리맥강 근처의 쓰러져 가는 집에서 자랐다.
매리맥강은 남쪽으로 흘러 매사추세츠주 로얼까지
흘렀는데, 이곳은 바로 프랑스계 캐나다인 잭 케루악의
고향이기도 했다.

그레이스 메탈리어스

74

메탈리어스의 부모는 그녀가 열한 살일 때 갈라섰다. 불화가 끊이지 않던 집안에서 그녀의 도피처가 된 것은 바로 책이었다. 그리고 열여덟 살이 되었을 때 그녀는 자신이 꿈꾸던 삶과는 달리 고등학생 때부터 사귄 조지 메탈리어스와 결혼해 주부와 임산부의 역할에 적응했다.

이후 부부는 뉴햄프셔 길먼턴에 정착했다. 조지는 이곳에서 학교 교장을 맡았고, 두 사람은 아이 세 명을 낳아 키우게 되었다. 진지하게 글 쓰는 일에 몰두한 메탈리어스는 때로는 하루에 열네 시간 동안 작업을 하며 집안일을 외면하기도 했다.

당시 그녀가 글을 쓰던 공간은 티끌 하나 없을 정도로 늘 깨끗했다. 하지만 나머지 집안은 돼지우리나 마찬가지였고, 아이들은 자주 방치되었다.

메탈리어스는 성실한 뉴잉글랜드 주부상과 정반대였다. 담배를 피우고, 위스키를 마시고, 저속한 말투를 쓰고, 헐렁한 플란넬 셔츠와 청바지를 즐겨 입었다. 이웃들은 그러한 그녀의 모습을 곁눈질로 보며 믿지 못하겠다는 표정을 지었다. 무엇보다 그녀는 외로운 감정을 달래기 위해 술을 마셨다. 메탈리어스가 특히 좋아했던 술집은 인근 마을 러코니어(페이턴 플레이스의 모델이 된 곳)의 태번 호텔이었다. 그곳에서 그녀는 거네이디언 클럽 위스키와 진저 에일을 섞고 레몬 껍질을 꼬아 장식한 음료를 즐겨 마셨다.

1955년 봄이 되자 메탈리어스는 '나무와 개화'라는 제목의 초고를 출판사들에 보냈지만, 주요 출판사들은 전부 그 도발적인 내용 때문에 퇴짜를 놓았다. 그러다가 주식회사 줄리언 메스너의 사장인 키티 메스너가 원고를 보게 되었는데, 그녀는 제목을 제외한 모든 걸 정말 마음에 들어 했다. 메스너는 제목을 소설의 무대가 되는 마을 이름으로 바꾸길 원했다. 그렇게 『페이턴 플레이스』가 탄생했다. 서른두 살의 메탈리어스는 곧 출판 계약을 맺었다. 1956년에 출간된 소설은 곧바로 돌풍을 불러일으키며 메탈리어스를 순식간에 유명 인사로 만들었다. 책은 겉보기엔 점잖은 뉴잉글랜드 마을의 잔잔한 표면 밑에 도사린 지저분한 비밀과 사악한 음모를 자세히 전했다. 섹스, 강간, 공공장소에서의 만취, 살인, 근친상간, 낙태, 자살에 관한 충격적인 묘사는 노먼 록웰의 건전하고 낙천적인 그림 같았던 1950년대 뉴잉글랜드의 이미지를 위태롭게 했다.

1956년 메스너 출판사에서 출간한
『페이턴 플레이스』 초판

대다수의 비평은 부정적이었지만, 유명한 예외가 바로 『뉴욕 타임스』의 비평이었다. 『뉴욕 타임스』는 "점잖다고 칭하는 공동체의 겉면과 부르주아적 가식에 정면으로 맞섰다"며 『페이턴 플레이스』를 호평했다. 하지만 메탈리어스는 갑작스럽게 생긴 명성과 악평에서 오는 압박을 견디기 위해 필터도 없는 팔러먼트 담배를 하루에 몇 갑씩 피웠고 그만큼 술도 많이 마시게 되었다.

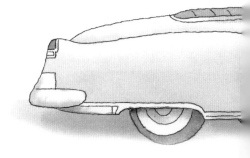

그레이스의 1951년식
흰색 캐딜락 컨버터블

길먼턴 주민들에게도 메탈리어스의 소설은 너무 뼈아픈 공격이었다. 결국 그레이스는 명예 훼손 소송에 휘말렸고, 아이들은 반복적으로 괴롭힘을 당했으며, 남편인 조지는 일자리를 잃었다. 그녀의 결혼 생활은 압박을 이기지 못해 곧 박살이 났다. 독실한 신자인 척한 정치인들은 악평이 자자한 메탈리어스의 책을 비난했고, 목사들은 설교단에서 책에 맹렬한 공격을 가했다. 여기에 그녀는 이렇게 자신을 옹호했다. "성인에 관한 이야기를 할 때 성적인 충동을 언급하지 않는 건 유리 없는 창을 이야기하는 것과 다를 바 없다."

짧았던 그레이스의 삶에서 마지막 7년은 무절제한 소비, 할리우드 파티, 수많은 염문, 어마어마한 양의 위스키로 점철되었다. 벌어들인 돈을 거의 다 쓴 그레이스는 세 편의 소설을 계속 쥐어짜듯이 써내다가 39세의 나이로 간경변에 굴복하고 말았다. 의사들은 그녀가 죽기 전까지 위스키 5분의 1 병을 매일 마셨을 것으로 추측했다.

『페이턴 플레이스』는 『뉴욕 타임스』 베스트셀러 목록에 59주 동안 머물렀고, 한동안 20세기 소설 중 가장 많이 팔린 작품이기도 했다. 그다음 순위에는 마거릿 미첼의 『바람과 함께 사라지다』(1936)가 있었다.

스카치 대 버번: 미국 위스키 전문가

마크 트웨인

필명인 마크 트웨인으로 잘 알려진 미국의 작가이자 모험가, 그리고 성마른 유머 작가인 새뮤얼 랭혼 클레멘스는 조국의 증류주인 버번위스키를 상당히 좋아했다(그는 올드 크로를 가장 좋아했다). 스카치위스키를 발견하기 전까지는 말이다.

1873년 대서양을 건너 잉글랜드로 여행을 간 그는 그곳에서 스카치위스키와 레몬주스를 섞은 칵테일을 접하게 되었다. 이 음료에 완전히 매혹된 그는 런던의 랭엄 호텔에서 고향에 있는 아내인 리비에게 편지를 보내며 이런 말을 적었다. "리비 내 사랑. 내가 집으로 돌아갈 때 욕실에 스카치위스키 한 병, 레몬 한 개, 부순 설탕 몇 줌, 앙고스투라 비터스● 한 병을 준비해 줬으면 해. 꼭 기억하고 그대로 해 줘."

『톰 소여의 모험』(1876)을 발표해 사랑을 받은 그는 결국 스카치위스키를 그대로 마시기 시작했다. 파이프, 혹은 시가와 함께 스카치위스키를 즐긴 그는 이런 말을 남기기도 했다. "이게 모든 술을 통틀어 내가 가장 사랑하는 것이지."

유진, 노먼, 헌터와 함께 취하기

집필과 음주를 동시에 할 필요는 없지만, 그것이 생산성을 높인다는 증거의 대표적인 사례가 바로 다작 극작가인 유진 오닐이다. 거룩하게도 '미국의 셰익스피어'라고 불린 그는 위스키를 물처럼 마셨다. 그리고 전문적으로 글을 쓰던 첫 10년 동안 열여섯 편의 극본을 선보였다. 그 과정에서 그는 『타임』 표지에 실렸고, 노벨 문학상과 세 번의 퓰리처상을 수상했다.

1928년 2월 13일자 『타임』 표지에 실린 오닐

● Angostura bitters. 19세기 초 베네수엘라 군인 시몬 볼리바르의 군의감이었던 지게르트 박사가 만든 비터스. 약용이었으나 현재는 '앙고스투라 비터스 없이 위대한 칵테일은 없다'는 말까지 있을 정도로 칵테일에 많이 쓰인다.

그는 자신이 아는 바를 작품에 담았다. 그의 작품은 밑바닥 생활을 하는 알코올 중독자로 가득했다. 『얼음 장수 오다』(1939)에 등장해 위스키를 벌컥벌컥 마시는, 그의 또 다른 자아인 지미는 이렇게 고백한다. "나는 어렸을 때부터 알았지. 술에서 깼을 때 삶이 날 겁먹게 한다는 걸."

호전적인 소설가 노먼 메일러는 술이라는 주제로 질문을 받으면 거의 말을 안 했지만, 술을 상습적으로 마시기로 유명했다. 그는 버번을 즐겨 마신 반면 스카치위스키에는 입도 대지 않았다. "저는 미국 작가입니다. 미국 술인 버번을 마셔요. 그게 바로 위대한 작가와 절대 위대한 작가가 되지 못하는 사람의 차이입니다. 위대한 작가는 스카치와 버번을 구별할 줄 알죠."

노먼 메일러

헌터 S. 톰슨

'곤조 저널리스트'이자 『라스베가스의 공포와 증오』(1972)를 쓴 작가 헌터 S. 톰슨에게 의식 장애는 하나의 생활 방식이었다. 술, 마리화나, LSD, 아질산아밀, 코카인, 에테르, 메스칼린이 전부 그의 몸에 들어갔기 때문이다. 하지만 그는 트웨인처럼 버번과 스카치 모두에 깊이 감탄했다. 글을 쓸 때 와일드 터키를 마셨고, 아침에 신문을 읽을 때 시바스 리갈을 마셨다. 그는 언더락으로 시바스 리갈을 마시는 걸 '빙과'를 마신다고 표현했다. 신출내기 파티광에게 톰슨은 이렇게 조언했다. "늦게 자고, 재미있게 놀고, 열광하고, 위스키를 마시고, 텅 빈 거리에서 빠르게 차를 모세요. 아무것도 생각하지 말고 사랑에 빠지는 겁니다. 체포당하지는 말고요. 결과가 말해 준다니까요. 충만하게 삽시다."

세상에서 가장 복합적인 증류주

역사적으로 위스키는 요동치는 술의 유행에 흔들리지 않은 강건한 증류주였다. 술을 그대로 마시기를 선호하는 애주가들에게 있어서 투명한 증류주, 즉 보드카나 진은 코와 혀에 선명한 공격을 가하는 프리미엄 위스키에 상대가 되지 못했다. 위스키와 달리 보드카와 진은 숙성되지 않는데, 이 숙성은 향과 맛의 열반에 드는 필수적 전제 조건이었기 때문이다.

오늘날 제공되는 위스키의 품질과 종류는 상상을 초월한다. 전통적인 위스키 생산국들은 '세계 최고'라는 칭호가 자기 것이라는 배타적인 주장을 더 이상 하지 못한다. 현대의 일본 싱글 몰트 위스키가 블라인드 테이스팅에서 스코틀랜드 위스키에게 계속 패배를 안겼다는 걸, 로버트 번스는 상상조차 못했을 것이다.

조지 버나드 쇼는 술을 그리 즐기는 사람이 아니었지만, 위스키의 보편적인 매력을 다음처럼 훌륭하게 요약했다. "위스키는 액체에 녹아든 햇빛이다."

GIN

진

제4장

마티니 한 잔은 그럭저럭 괜찮고, 두 잔은 지나치고,
세 잔은 부족하다.
— 제임스 서버, 『타임』(1960)

위스키를 제외하면 진은 다른 어떤 증류주보다 문학적
영감을 가장 많이 자극하는 술이었을 것이다. 하지만 이
진이라는 술은 항상 오늘날처럼 남부끄럽지 않고 세련된
모습은 아니었다. 18세기 조지 왕조 시대에 잉글랜드의
사회 비평가들은 진을 사회에 퍼진 전염병처럼 취급했다.
오늘날로 따지면 크랙 코카인과 다를 바 없다고 한
것이다. 하지만 19세기 초 런던에서 칵테일, 혹은 혼합주가
출현하면서 진의 추락한 평판을 회복하는 데 도움을 주었다.

주니퍼베리

미국에서 금주법은 역설적으로 광란의 1920년대, 즉 제1차 세계 대전 이후의
신여성, 재즈, 아르 데코로 가득했던 시대가 오는 데 박차를 가했다. 이 시대는
그야말로 화려한 10년이었다. 글을
쓰는 삶과 술을 마시는 삶이 강하게
어우러졌고, 남녀를 불문한 술고래
작가들이 문학계의 황금기를 이끌었다.
그 과정에서 진도 분명
큰 역할을 했을 것이다.

술김의 용기

진은 소나무 같은 그 독특한 향과 풍미를 유니페루스 콤무니스, 즉
주니퍼베리에서 이끌어 낸다.

이 술의 확실하지 않은 기원은 16세기 벨기에와 네덜란드의 저지대로 거슬러 올라간다. 현대 진의 네덜란드 선조 격인 제니버는 처음엔 치료 목적으로 약국에서 팔렸고, 통풍과 담석을 포함한 여러 질병을 치료하는 데 쓰였다.

30년 전쟁(1618~1648)에 참전한 영국 병사들은 추운 겨울날 몸을 덥히고 전투에 돌입하기 전에 신경을 안정시키고자 네덜란드 진을 마셨다. 병사들은 이를 '술김의 용기'라고 칭했다.

네덜란드 공화국 총독인 오라녜 공작 빌럼은 1689년부터 영국의 국왕이 되었는데, 이때 잉글랜드에 진을 보급하고자 했다. 그리고 자신의 재위 기간에는 주적인 프랑스에서 브랜디를 수입하기를 거부했다. 이런 조치로 네덜란드 증류주 제조업자들은 거칠 게 없게 되었고, 제니버를 생산하자마자 최대한 빨리 배에 실어 잉글랜드로 보냈다.

17세기의 역병 의사('quack(돌팔이 의사)' 라는 단어의 기원이 되었다). 이들은 부리가 달린 가면을 썼는데, 부리 부분에 짓뭉갠 주니퍼베리를 가득 채웠다. 이렇게 하면 전염병을 막을 수 있다는 게 당시의 생각이었다.

런던의 진 열풍

진은 생산 비용이 많이 들지 않았고, 병원균이 득실득실한 런던의 물을 마시는 것보다 안전했다. 결국 18세기 초 영국에서 진은 크게 유행했고, 이 시기는 '진 열풍'이라는 별칭으로도 알려졌다. 한때는 집 네 채당 진 증류소 한 곳이 있을 정도였다.

하지만 진의 소비를 억제하고자 일련의 개혁이 일어났는데, 1736년에 제정된 '진에 관한 법률'이 그 시작이었다. 이 법률로 거리에선 폭동이 일어났고, 평판이 좋던 판매처들도 폐업을 하게 되었다. 이때 번성한 주류 밀매업자들은 때로 미덥지 않은 품질의 진, 그러니까 주니퍼베리 대신 테레빈유●로 풍미를 낸 진을 판매하기도 했다. 이런 수상한 진들은 '숙녀의 기쁨', '바람난 마누라를 둔 남자의 위안거리' 등 다채로운 제품명을 달고 나왔다.

● terebene油. 소나무 송진을 증류하여 얻은 물질.

84

진이 가난한 사람들 사이에서 인기가 있었다는 점도 그 악평이 늘어나는 데 기여했다. '엄마를 망치는 물건'이라는 별명이 붙은 진이 하류층에 미치는 악영향은 윌리엄 호가스의 풍자 판화 〈진 레인〉(1751)에 잘 묘사되어 있다. 당시 이 판화에 대중은 격렬하게 반응하며 더 강한 개혁을 요구했다.

18세기 말 런던에서 칵테일, 혹은 혼합주가 등장한 것은 시간이 흐르며 진의 지위가 회복되는 데 도움을 주었다. 1823년 뜨거운 물과 진, 그리고 설탕과 레몬주스를 섞은 핫 진 트위스트는 런던에서 가장 인기 있는 음료가 되었다.

19세기에 가장 인기 있었던 진 스타일인 올드 톰. 초기의 달콤한 네덜란드 제니버와 훗날 등장하는 런던 드라이 스타일 사이에 가교가 되었다.

찰스 디킨스는 지하 저장고에 브랜디, 럼, 위스키, 와인, 진을 두고 차분하게 술을 즐기곤 했다. 그의 증손자 세드릭 디킨스는 1998년 『디킨스와 함께 술을』이란 책을 내며 유명한 작가인 증조할아버지가 "저녁에 마실 진 펀치를 만드는 의식을 사랑했으며, 그 의식을 미코버 씨처럼 온갖 열정과 안목을 동원하여 수행했다"고 밝혔다. 미코버 씨는 찰스 디킨스의 소설 『데이비드 코퍼필드』(1850)에서 진 펀치를 즐기는 인물이다.

유서 깊은 진 토닉

1800년대 진 토닉은 영국 동인도 회사의 군대에서 인기 음료가 되었다. 당시 인도에 주둔하던 병력은 매일 퀴닌을 복용하라는 요구를 받았는데, 퀴닌은 기나나무의 껍질을 갈아 만드는 가루로서 말라리아 예방약이었다. 퀴닌 가루의 쓴맛에 대응하던 방법을 찾던 장교들은 설탕과 라임을 넣은 탄산수에 퀴닌 가루를 녹이기 시작했다. 이것이 군인들이 매일 받던 진과 섞이는 건 시간문제였고, 이렇게 진 토닉이 탄생했다.

기이하게도 진 토닉이라는 실질적인 용어는
1922년 P. G. 우드하우스의 소설 『알았어요,
지브스』가 나오기 전까지는 없었다.

오늘날까지 진 토닉은 진 칵테일 규범의
토대로 남아 있다. 현대의 영국 소설가 로런스
오스본은 술과 이슬람 세계에 관한 신랄한
여행담인 『축축하고 메마르고』(2013)에서 이
고전 칵테일에 대해 다음처럼 언급한 바 있다.
"이 음료엔 각얼음이 들려주는 희미한 음악,
그리고 데친 풀 내음처럼 코를 간질거리는
향이 있다. 다시 마시기도 쉽다. 액체로 된
차가운 쇠 같다."

지브스

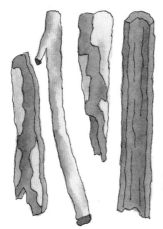

퀴닌의 재료인
기니나무 껍질

'교외의 체호프'라는 별명을 가진 미국 작가 존
치버는 길비스 진을 '모유'라고 표현할 정도로 진
토닉을 많이 마셨다. 그는 1953년 『뉴요커』에
자전적인 단편 소설 「진의 슬픔」을 발표했는데,
이 소설은 교외에서 계속 파티를 열고 술을
마시는 부모로부터 영향을 받은 작은 소녀에
관한 이야기였다.

치버의 '모유' 길비스 진

술 권하는 사서

안경 쓴 모습이 인상적인 잉글랜드 코번트리 출신 시인 필립 라킨은 문인 중에 손꼽히는 진 토닉 애호가다. 그의 오랜 연인인 모니카 존스는 2001년 사망 당시 앞서 1985년에 사망한 라킨으로부터 받았던 1천4백 통 정도의 편지를 남겨 두었다. 이 편지들은 앤서니 스웨이트가 『모니카에게 보내는 편지』라는 이름으로 엮고 편집하여 2010년에 출간했다. 이 책으로 우리는 헤아리기 어렵기로 유명한 이 시인의 마음속을 들여다보는 것은 물론, 그가 진 토닉을 사랑했다는 사실도 확인할 수 있다.

필립 라킨

라킨은 전형적인 잉글랜드 남자라 신경질적이고 억눌린 사람이었다. 은둔자에 가깝게 살아가는 그의 모습은 문헌에 아주 잘 남아 있다. 그는 자신을 절망에서 뒹구는 사람으로 여겼는데, 한번은 이렇게 말하기도 했다. "워즈워스에게 수선화가 있다면 내겐 궁핍이 있지." 그는 자신을 "라드에 조각된 안경 쓴 달걀"이라고 묘사하기도 했다.

EZRA POUND

라킨은 1940년대 초 옥스퍼드대학 재학 중에 킹슬리 에이미스를 만났다. 두 사람은 중산층 출신, 재즈 애호가, 영국 모더니즘 작가들에 대한 혐오, 애주가 등의 공통점 덕에 친하게 지냈다. 그들은 '호스피싱horsepissing'이라는 놀이를 발명했는데, 이는 유명 문학 작품의 키워드를 음란한 말로 바꾸면서 끊임없이 희희덕거리는 것이었다.

킹슬리 에이미스

둘의 우정은 에이미스가 1954년에 소설 『럭키 짐』을
발표하며 금이 갔다. 이 책은 라킨에게 헌정되긴
했지만, 라킨을 괴롭히던 그와 모니카 존스와의 관계를
일부라고는 해도 명백하게 언급하고 있었기 때문이다.

모니카 존스

라킨은 여자와 사귈 때 애정과 증오를 동시에 느끼는 것으로
악명이 높았다. 그는 창작을 하려면 육체관계를 혐오해야
하며, 그것이 필수 조건이라는 생각을 고수했다. 한번은
일기에 이렇게 적었다. "섹스는 다른 사람과 나누기엔 너무
아까운 것이다." 그럼에도 그는 어느새 세 명의 여자와 곡예
하듯 연애를 하고 있었고, 여기엔 모니카도 포함되어 있었다.
그녀는 라킨과 수년간 때로 시간 낭비에 불과한 만남을 이어
가면서도 라킨 곁에 머물렀다.

라킨은 1946년 레스터대학에서 모니카를 처음 만났다. 당시 두 사람은 스물네
살이었는데 라킨은 보조 사서였고, 모니카는 영문학과 강사였다. 두 사람은
함께 지적 추구를 하기도 했지만, 모니카도 라킨 못지않게 진 토닉에 열광했다.
그녀는 집에서 작은 어항 크기의 고블릿 잔에 진 토닉을 따라 마시곤 했다.

라킨은 벨파스트의 퀸스대학에 사서보로
취직해 1950년 아일랜드로 떠났다. 이렇게
그들의 편지 교환이 시작되었다. 둘은
당시 연인이었고, 이러한 그들의 관계는
라킨이 죽을 때까지 40년 넘게 이어졌다.

라킨은 모니카에게 보내는 편지에서
그녀를 "사랑하는 토끼"라고 표현했는데,
이는 두 사람이 영국의 아동문학 작가인
베아트릭스 포터의 작품에 등장하는 토끼
캐릭터를 좋아한 사실에 기인한다. 여하튼
그가 보낸 편지엔 진과 음주에 관한
언급이 곳곳에 나타난다.

2010년 페이버 앤드 페이버 출판사에서 출간한
『모니카에게 보내는 편지』초판

금요일엔 '취했어어.' 연극조로 말하는
것처럼 들릴지 모르겠지만, 저녁을 먹기
전에 진을 한 잔이 아닌 두 잔을 마셨다고.

마음속으로 해묵은 모욕을 들추고 그에 대해 분노하는 나 자신을 느껴.
술을 마셔야 이런 구속에서 벗어날 수 있어. 난 술을 마실 때 화를 내는
사람은 아니야.

맙소사. 건초열인데 술이나 마시고 있다니. 진 맛이 나지 않는데 분명 취하고
있다는 느낌은 드네. 보내 준 시들은 어떤 것 같아? 맨 정신으로 한번 본
다음에 술을 마시면서 보면 더 좋더라고.

모니카가 라킨에게 선물로 준
고리버들 토끼

그는 무의미한 자신의 일에 대해 경험에서
우러나오는 분노를 터뜨리기도 했다.

아침, 낮, 망할 밤까지 빌어먹을
일주일 내내 나는 뼈 빠지게 일하고
있어. 괴짜 같은 책벌레라면 누구라도
할 수 있는 일을 말이야. 산더미처럼
쌓인 책을 차면서 나는 이렇게 말하곤
해. 씨발, 씨발, 씨발, 씨발.

훗날 헐대학교 도서관 사서로 근무하게 된 라킨은 고향으로 돌아오자마자 꾸준히 술을 마시기 시작했다. 그는 밤에 사랑하는 재즈 음반을 들으며 홀로 술을 마시기를 즐겼다. 그가 『데일리 텔레그래프』에 연재하던 음반 평론을

모아놓은 책 『올 왓 재즈』는 1985년에 제2판이 나왔는데, 이 책의 각주에 그는 이런 말을 남기기도 했다. "진 토닉 1파인트를 마시며 한 시간 동안 새로운 재즈 음반을 듣는 게 하루 일에 지친 사람을 위한 내가 아는 최고의 치료법이다."

라킨은 루이 암스트롱, 듀크 엘링턴, 시드니 베쳇 등 비밥 이전 거물들의 재즈를 좋아했다.

라킨은 실제로 완벽한 진 토닉을 만드는 방법을 자신의 시 「대단히 고결한 사람에게 느끼는 연민」(1974)에서 운문으로 알려 준다.

각얼음 네 조각을
잔에 멋지게 떨어뜨리고,
진을 세 번 붓고, 얇게 썬 레몬 조각을 넣고,
295밀리리터 토닉 병을 비워
일어나는 거품이 다른 모든 걸 끝까지 덮어
마치 삼키는 것처럼 보일 때 …

PHILIP LARKIN
1922 - 1985
WRITER

라킨은 늘 아버지처럼 63세에 죽는 걸 두려워했지만 결국 그렇게 되었다. 추도사에서 킹슬리 에이미스는 라킨을 이렇게 요약했다. "그는 우주가 삭막하고 적대적인 곳이라는 걸 알았습니다. 또한 그는 인간이 살면서 겪는 불쾌한 현실, 특히 시간이 우리에게 미치는 지독한 영향력을 분명히 인식했습니다."

광란의 1920년대를 만든 액체 연료

1920년부터 1933년까지 미국에서 시행된 금주법으로 인해 진은 지하에서 생산되었다. 진은 위스키와 달리 만들고 바로 마셔도 될 만큼 생산하기 쉬웠고, 그래서 주류 밀매업자들에게 인기가 있었다. 스피크이지라고 알려진 불법 주점에서 가장 흔하게 제공되는 술이 바로 이 진이었다.

진의 수요가 늘어나자 스피크이지는 물론 밀실에서도 소비할 수 있는 밀주 진, 즉 '욕조 진'이 개인 살림집에서 생산되었다. 이러한 밀조에는 욕조가 쓰였다. 진에 물이 필요했을 뿐 아니라 재료를 침전하는 데 사용되는 커다란 항아리가 싱크대의 수도꼭지 아래 두기엔 너무 컸기 때문이다.

존 헬드 주니어가 그린
1926년 2월 18일자 『라이프』 표지

뉴욕 베드퍼드 거리 86번지에 있는
스피크이지 '첨리스'의 아무런 표시도 없는 문.
1922년 개업한 이곳은 오늘날에도 영업을 하고 있으며
F. 스콧 피츠제럴드, 윌라 캐더, 윌리엄 포커너,
링 라드너, 존 도스 파소스, 시어도어 드라이서는 물론
훗날 비트 제너레이션 문인들도 이곳에서 술을 즐겼다.

파렴치한 생산자들은 (모든 술에 포함되는 곡류 알코올이자 근본적으로 사람을 취하게 하는 물질인) 에탄올 대신 (연료, 광택제, 윤활유 등에 사용되는) 메탄올 같은 구하기 쉬운 유독성 산업용 알코올에 눈을 돌렸다. 이 때문에 욕조 진은 불안하다는 평을 받았고, 결국 금주법 시행 기간에 1만 명의 인구가 조악한 진을 비롯한 유독성 술을 마시고 사망했다.

진, 스위트 베르무트, 드라이 베르무트, 오렌지 주스로 만드는 브롱스는 1910년과 1920년대에 인기 있는 칵테일이었다. 이 칵테일은 똑같이 인기를 누린, 라이 위스키를 기주로 하는 맨해튼과는 먼 친척이었다. 사회학자이자 역사가, 그리고 시민권 운동가 겸 작가인 W. E. B. 두 보이스는 두 칵테일 사이의 차이점을 아는 게 애주가로서의 지식과 사회 경제적 지위를 나타낸다고 보았다. 그는 1940년 펴낸 자서전 『새벽의 황혼』에서, 백인 목사인 스토지스 박사가 브룩스 브라더스 옷을 입고, 열정적으로 골프를 즐기며, 귀한 시가를 피우고, 브롱스와 맨해튼을 구분할 줄 알았다고 묘사한 바 있다.

그리니치빌리지 보헤미안의 실물

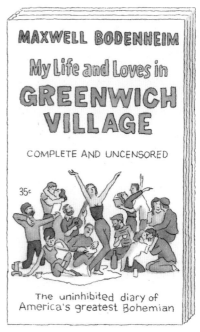

진을 사랑한 미국 시인 맥스웰 보덴하임은 진으로 인한 재즈 시대의 첫 피해자일지도 모른다. 1915년 뉴욕에 와서 단기간에 큰 성공을 거둔 그는 에즈라 파운드, 에드가 리 매스터스와 함께 시 전문지에 모습을 드러내기도 했지만, 곧 방탕하고 호색한 난봉꾼으로서 악명을 떨쳤다. 그의 친구 벤 헥트는 맥스웰을 두고 "내가 시를 읽어 보거나 소문을 들은 적이 있는 그 어떤 시인보다도 더 많이 계단에서 차여 굴러 떨어진 사람"이라고 표현했다.

1961년 벨몬트 출판사에서 출간한 『그리니치빌리지에서 보낸 나의 삶과 사랑』 페이퍼백 버전

이른 시기에 성공을 거둔 맥스웰은 빠르게 몰락했다. 말년에 그는 맥두걸 거리의 산레모 카페에서 자신이 좋아하던 작은 공간에 앉아 시를 쓰고 그것을 진과 바꿔 마시며 시간을 보냈다.

맥스웰 보덴하임

사후에 출간된 그의 마지막 작품 『그리니치빌리지에서 보낸 나의 삶과 사랑』(1954)은 그가 술에 취해 횡설수설하는 걸 대충 꿰맞춘 대필 작품이었다.

재즈 시대의 고주망태 천재

F. 스콧 피츠제럴드는 진을 미화하는 역할을 훌륭히 해냈다. 이 유명한 미국 작가와 그의 신여성 아내 젤다는 진과 재즈 시대의 무절제를 요약해서 보여 준 존재들이었다. 그가 이른 나이인 44세에 사망한 건 오랫동안 과음을 했기 때문이다.

프린스턴대학을 졸업했을 때인 1916년에도 피츠제럴드는 이미 과음을 반복하고 있었다. 1920년 데뷔 소설인 『낙원의 이쪽』이 대성공을 거두자 그는 곧 칵테일파티에서 상스러운 술꾼으로 악명을 떨쳤다. 특히 그는 파티에서 재떨이를 던지고 모욕적인 말을 하는 것으로 유명했다.

훗날 어니스트 헤밍웨이는 『파리는 날마다 축제』에서 피츠제럴드를 별 볼 일 없는 사람이라고 표현하며 이렇게 적었다. "그 친구를 술고래라고 하기는 힘들다. 술을 조금만 마셔도 엄청 취했기 때문이다."

F. 스콧 피츠제럴드

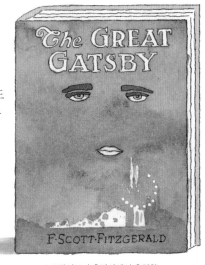

진, 얼음, 탄산수, 그리고 절반 정도 쥐어짠 라임으로 만드는 진 리키는 19세기 말과 20세기 초에 가장 인기 있는 진 음료였는데, 피츠제럴드도 이 음료를 좋아했다. 『위대한 개츠비』(1925)에서는 숨 막힐 정도로 더운 날 호텔 방에서 이 칵테일이 등장하는 장면이 나온다.

> 톰이 돌아왔고, 이어서 얼음이 가득 차 딸깍거리는 네 잔의 진 리키가 도착했다. 개츠비는 자기 몫을 들었다. "정말 시원해 보이는데." 그가 눈에 띌 정도로 흥분한 모습으로 말했다. 우리는 오래, 게걸스레 칵테일을 들이켰다.

스크라이브너 출판사에서 출간한 『위대한 개츠비』 초판. 작가는 롱 아일랜드의 여러 사치스러운 파티에 참석했던 경험에서 영감을 얻어 1923년부터 소설을 구상하기 시작했다.

『위대한 개츠비』는 1925년 초판이 출간되었을 때 실패작으로 여겨졌다. 호평과 악평이 뒤섞였고, 고작 2만 부를 살짝 넘는 판매량을 기록했다. 이처럼 『위대한 개츠비』는 피츠제럴드가 살아 있을 때만 해도 절대로 인기 있는 소설이 아니었다. 하지만 오늘날엔 가장 사랑받는 미국 소설 중 하나가 되어 매년 50만 부 이상 꾸준히 팔리고 있다.

젤다 피츠제럴드

실제로 피츠제럴드와 동시대를 살던 많은 사람이 『위대한 개츠비』를 명작으로 여겼다. T. S. 엘리엇은 피츠제럴드에게 보내는 편지에 이런 말을 남겼다. "내가 보기에 이 작품은 헨리 제임스 이후 미국 소설이 내디딘 첫걸음 같아 보이네."

고든스 진을 선호했다고 알려진 피츠제럴드는 술이 창작 과정에 활력을
불어넣는다고 믿었다. 그는 이런 글을 남기기도 했다. "술을 마시면 감정이
무르익는다. 나는 술을 마시고 고조된 감정을 이야기에 넣는다. 맨 정신일 때
내가 쓴 이야기는 멍청하기 짝이 없다."

하지만 폭음을 오랫동안 계속한 결과, 피츠제럴드의 몸은 크게 망가졌다.
1933년부터 1937년까지 그는 알코올 중독으로 여덟 번이나 입원을 했다.

작가로 살면서 여러 번 퇴보를 겪은
피츠제럴드는 1937년 로스앤젤레스로 이주해
영화 제작사 MGM에서 시나리오 작가로 일하게
되었다. 당시 그는 요양원에 있던 아내 젤다와
바사대학에서 공부하던 딸 스카티를 지원하기
위해 돈을 벌어야 했다. 로스앤젤레스에서
피츠제럴드의 비서이자 조수로 있었던 프랜시스
크롤 링은 훗날 펴낸 회고록에서, 자신이 텅 빈
진 병을 올이 굵은 삼베로 만들어진 감자 부대에
가득 담아 덤불이 무성한 계곡에 버렸다는
이야기를 전하기도 했다.

20세기 초 고든스 진의 라벨

SCREEN WRITERS' GUILD INC.

Membership Card
ACTIVE

F. SCOTT FITZGERALD
                              Member

Issued SEP 23 1938 193__

피츠제럴드는 1940년 12월 21일 정부情婦의
할리우드 아파트에서 심장 마비로 사망했다.
미완성 소설인 『라스트 타이쿤』은 그가 죽은
후인 1941년에 출간되었다.

다재다능한 혼합용 음료

조앤 디디온

위스키나 테킬라와는 달리 진은 그대로 마시는 일이 좀처럼 없다. 진에 열광하던 문인 대다수는 진을 기주로 쓰는 전통적인 칵테일 형태로 진을 즐기곤 했다. 앞서 언급한 라킨처럼 진 토닉으로 즐기거나, 조앤 디디온처럼 뜨거운 물에 타서 즐기는 경우도 있었다. 조앤 디디온은 에세이집 『베들레헴을 향해 몸을 구부리기』(1968) 서문에서 자신이 슬럼프 때문에 글을 쓰기 힘들 때 쓰는 치료법을 언급했다. "나는 창작의 고통을 무디게 하기 위해 진을 뜨거운 물과 섞어 마신다. 진을 마셔야겠다는 욕구를 무디게 할 때에는 식욕 감퇴제를 복용한다."

레이먼드 챈들러는 김렛을 무척 좋아했다. 그는 자신의 소설 『긴 이별』(1953)에서 개인적으로 선호하는 김렛 레시피를 주인공인 탐정 필립 말로의 입을 빌려 말한 적이 있는데, 이는 말로가 바에서 그의 친구 테리 레녹스에게 전한 말에서 드러난다.

우리는 빅터스에 가서 바 구석에 앉아 김렛을 마셨다. "여기 친구들은 김렛을 만들 줄 몰라." 말로가 말했다. "이 친구들이 김렛이라고 하는 물건은 라임이나 레몬주스를 진과 섞어서 설탕과 비터스를 조금 넣는 것뿐이거든. 진짜 김렛은 반은 진, 반은 로지스의 라임 주스를 섞고 다른 건 아무것도 안 넣는 거야. 이렇게 하면 마티니 따위는 그냥 납작해진다고."

97

라모스 진 피즈

라모스 진 피즈는『욕망이라는 이름의 전차』(1947)를 선보인 미국 남부 출신의
극작가 테네시 윌리엄스가 좋아하던 칵테일이다. 1888년 뉴올리언스에서
바텐더 헨리 라모스가 고안한 원래 레시피는 적당한 거품을 내기 위해 12분
동안 셰이커를 흔들 것을 요구했다.

라모스 진 피즈

런던 드라이 진 45밀리리터
중간 정도 크기의 달걀 한 개에서 나온 흰자
단미시럽 22밀리리터
갓 짜낸 라임 주스 15밀리리터
단미시럽과 라임 주스를 1대 1로 섞은 혼합물
    15밀리리터
등화수 3밀리리터 이하
탄산수 60밀리리터
오렌지 조각

칵테일 셰이커에 진, 달걀흰자, 단미시럽, 라임주스,
단미시럽과 라임주스의 혼합물, 등화수를 넣는다.
최소 1분 동안 힘차게 흔든다. 거름망을 대고
콜린스 잔에 얼음 없이 따르고, 탄산수를 넣는다.
음료엔 거품이 일어야 한다. 셰이커에 남은 거품을
잔의 꼭대기에 덮는다. 오렌지 조각으로 장식하고
빨대를 꽂아 바로 제공한다.

1947년 앨빈 러스틱이 그린
『욕망이라는 이름의 전차』 표지

거대하게 다가온 마티니

금주법 시행 기간에 진의 불법 생산이 비교적 쉬웠던 덕에 전통적인 진
마티니가 보급될 수 있었는데(진짜 마티니는 보드카가 아닌 진을 기주로 써야 한다),
이 진 마티니는 20세기 중반 미국에서 대표적인 칵테일이 되었다.

마티니를 열렬히 좋아한 유명인은 적지 않다. 미국의 언론인이자 문화 비평가인
헨리 루이 멩켄은 마티니에 대해 이야기할 때 말수가 무척 많아졌는데,
마티니를 "소네트처럼 완벽한 미국의 유일한 발명품"이라고 표현하기도 했다.

마티니에 대해 전해 오는 이야기 중 가장 유명한 발언은, 진위는 확실하지 않지만 알곤킨 라운드 테이블[●]의 충실한 일원인 도로시 파커가 한 말일 것이다.

마티니 한 잔 하는 건 좋아,
기껏해야 두 잔.
세 잔 마시면 나는 만취하고,
네 잔 마시면 나는 파티 주최자 발아래에 있지.

도로시 파커

어니스트 헤밍웨이

어니스트 헤밍웨이는 베네치아의 해리스 바에서 진과 베르무트를 15대 1 비율로 섞어 드라이하게 변형한 마티니를 마시곤 했다. 그는 이 마티니에 몽고메리라는 이름을 붙였는데, 전력이 적보다 15배 큰 상태에서 싸우기를 좋아하던 영국 육군 원수 버나드 몽고메리의 이름을 따서 붙인 것이었다.

E. B. 화이트는 마티니를 "평온의 영약"이라고 표현했다. 친구에게 보내는 편지에서 그는 때때로 슬럼프에 빠져 글을 쓸 수 없을 때 드라이 마티니 한잔을 마시면 바로 해결된다고 한 적도 있었다.

『재주 있는 리플리』(1955)를 쓴 작가 퍼트리샤 하이스미스 역시 마티니를 잘 알았다. 그녀는 바너드대학에 다닐 때부터 마티니를 마셨다. 1940년대 초에 쓴 일기에서는 술이 예술가에게 필수적이라고 했는데, "술은 다시 한 번 진실, 천진난만함, 원초적인 감정을 볼 수 있도록 해 주기 때문"이었다.

E. B. 화이트

● Algonquin Round Table. 뉴욕의 작가·비평가·배우로 구성된 모임. 1919년부터 1929년까지 알곤킨 호텔에서 매일 만나 점심을 먹어 이런 명칭이 생겼다.

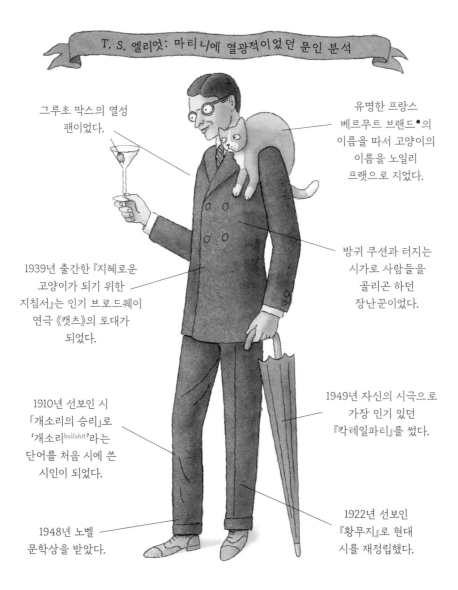

그루초 막스의 열성 팬이었다.

유명한 프랑스 베르무트 브랜드●의 이름을 따서 고양이의 이름을 노일리 프랫으로 지었다.

1939년 출간한 『지혜로운 고양이가 되기 위한 지침서』는 인기 브로드웨이 연극 《캣츠》의 토대가 되었다.

방귀 쿠션과 러지는 시가로 사람들을 골리곤 하던 장난꾼이었다.

1910년 선보인 시 「개소리의 승리」로 '개소리bullshit'라는 단어를 처음 시에 쓴 시인이 되었다.

1949년 자신의 시극으로 가장 인기 있던 『칵테일파티』를 썼다.

1948년 노벨 문학상을 받았다.

1922년 선보인 『황무지』로 현대 시를 재정립했다.

팬에게서 영감의 원천이 무엇이냐는 질문을 받은 T. S. 엘리엇은 이렇게 답했다. "진과 마약이죠, 아가씨. 진과 마약입니다." 그는 또한 "드라이 마티니 칵테일만큼 활력을 불어넣는 건 없다"고 단언하기도 했다.

● 노이 프라noilly prat. 현재는 바카디 소속이다.

『T. S. 엘리엇의 편지』에서 그는 시극『투사 스위니』의 독백 부분을 이렇게 썼다고 밝힌다. "나는 그 부분을 어느 일요일에 예배를 다녀오고 점심을 먹기 전 45분 만에 완성했는데, 부스 진 반병의 도움을 받았어."

고전적인 드라이 진 마티니

오랜 세월을 거친 칵테일 대다수가 그렇듯, 마티니의 기원도 논란의 대상이다. 몇몇 주류 역사가는 칵테일의 이름이 이탈리아 베르무트 브랜드인 마티니 에 로시에서 유래했다고 여긴다. 또 어떤 이들은 마티니가 1860년대 초 샌프란시스코의 옥시덴틀 호텔에서 제공되던 마르티네즈라는 칵테일에서 발전한 것이라고 주장하는데, 이 마르티네즈라는 이름은 호텔 인근의 도시명에서 따온 것이라고 한다. 또 다른 이야기에선 1912년경 뉴욕의 니커보커 호텔에서 마티니가 처음 등장했다고 한다.

칵테일 역사에서
가장 상징적인 잔 모양

마티니에서 진과 베르무트의 '적절한' 비율은 세월이 흐르며 바뀌었다. 사람들의 입맛이 드라이한 마티니를 선호하는 쪽, 즉 베르무트를 덜 넣는 쪽으로 옮겨 갔기 때문이다. 진과 베르무트의 비율은 1930년대에 3대 1이었고, 1940년대에는 4대 1이었다. 그리고 20세기 말이 되자 바텐더가 분무기로 베르무트를 잔에 한 번 뿌리는 것도 그리 드물지 않은 일이 되었다.

노엘 카워드는 극도로 드라이한 마티니를 선호하여 한번은 이렇게 말하기도 했다. "잔에 진을 채우고 이탈리아(베르무트의 원산지)가 있는 방향으로 잔을 흔들면, 그게 바로 완벽한 마티니다."

진 마티니

부순 얼음
런던 드라이 진(봄베이 사파이어, 비프이터, 고든스 등)
    75밀리리터
드라이 베르무트, 가급적이면 노이 프라 15밀리리터
장식용 그린 올리브

칵테일 세이커나 믹싱 글라스●에 얼음을 채운다. 진과 베르무트를 넣는다. 20초 정도 잘 젓고, 체를 받혀 마티니 잔에 붓는다. 올리브로 장식한다.

● 저어 만드는 칵테일을 제조할 때 쓰는 유리 용기. 상단에 짧게 부리가 난 것이 특징이다.

식물광

다른 모든 전통 증류주처럼 진은 현대의 크래프트 칵테일 운동에서 어마어마한 혜택을 받았다. 근본적으로 진은 주니퍼베리를 우린 보드카지만, 지금까지 진에 사용된 식물은 실로 다양하다. 1987년 봄베이 사파이어는 주니퍼베리에 치우친 전통적인 런던 드라이 스타일에서 벗어나 아몬드, 레몬 껍질, 흰붓꽃 뿌리, 멜레게타 등 열 가지 재료의 레시피를 적용한 첫 상업적 진이 되었고, 이것을 시작으로 새로운 움직임이 생겼다.

이후 혁신적인 소규모 증류소들은 날뛰듯 창의성을 발휘하여 진에 특이하고 새로운 식물을 활용했다. 스트로부스소나무, 구골나무매자, 커민, 라벤더, 사프란, 매리언베리, 코코넛, 해초 등이 그 예다. 오늘날 우리에겐 서로 전혀 다른 진들이 어마어마한 수로 제공되는데, 이런 진들의 샘플을 받아 둔 평론가들은 타자기 앞에서 시간을 쥐어짜느라 엄청난 압박을 받을 것이다.

102

VODKA

보드카

제5장

보드카는 겨울 경치와 무척 잘 어울린다. 눈이 내릴 것 같다는 예감이 들게 하는 건 이 보드카뿐이다. 나라를 공산당이 장악했다는 사실 정도만 빼면 말이다.
— 미셸 번스타인, 『왕의 모든 말』(1960)

동유럽에서 보드카는 몇 세기 동안 지배적인 증류주였다. 서양, 특히 미국에서의 인기는 비교적 최근의 현상이다. 보드카는 미국에서 20세기 후반까지 그 매력을 발휘하지 못했다. 미국의 금주법 시대로부터 영향을 받지도 않았고, 1920년대에 위대한 작가와 술이 결합하기 시작했음에도 거기에 끼지 못했다. 그 결과 재즈 시대의 상징적인 문인들은 보드카에 대해 거의 몰랐고, 자연히 보드카를 마시거나 관련 글을 쓴 문인도 거의 없었다. 물론 러시아인들은 오랜 세월 보드카에 관한 글을 써 왔다. 보드카는 파티에 늦게 참석하긴 했지만 결국 주목받을 수 있었고, 궁극적으로는 위스키와 진을 넘어 세계에서 가장 잘 팔리는 증류주가 되려는 중이다.

러시아와 폴란드의 국주

모든 증류주가 그렇듯, 보드카의 초기 역사는 뒤죽박죽이고 많은 추측의 대상이 된다. 서로 충돌하는 주장들을 뒷받침할 증거는 거의 없다시피 하지만, 보드카가 폴란드나 러시아에서 유래했다는 점은 학자들이 유일하게 동의하는 부분이다. 보드카는 두 나라의 음주 역사에서 중요한 역할을 하는데, 국가 정신에 더 오랫동안 깊이 자리한 곳은 러시아다.

태운 물

보드카의 핵심 재료가 된 감자는
16세기까지 유럽에 나타나지 않았다.

보드카vodka라는 명칭은 일반적으로 '적은
물'이라는 뜻을 지닌 슬라브어 'voda'에서
(혹은 폴란드어 'woda'에서) 파생된 것으로
여겨진다. 보드카는 1405년 폴란드 법원
문서에서 처음 언급되었는데, 현재 깨끗한
에탄올 기반 증류주를 가리키는 이 용어는
19세기 중반까지도 러시아어에서 널리
쓰이지 않았다.

곡물, 옥수수, 혹은 포도즙을 으깨 만든 발효액에서 증류된 이 무색 증류주의
초기 형태는 다양한 이름으로 생산되었다. 그 목록엔 빵 와인, 증류 와인, 비눔
크레마툼vinum crematum(라틴어로 '태운 와인'이란 뜻), 아쿠아 비타이aqua vitae(라틴어로
'생명의 물'이란 뜻) 등이 포함되었다. 보드카의 핵심 재료가 된 감자는
16세기까지 유럽에 등장하지 않았다.

폴란드 팅크제

폴란드는 8세기에 보드카의 초기 형태를
생산했다고 주장하지만, 이는 와인을 증류한
것일 수 있다. 즉, 조잡한 브랜디와 비슷한
물건이라는 뜻이다. 곡물을 토대로 만든 술이
처음 문헌에 기록된 건 9세기 러시아에서다.

폴란드 보드카는 11세기에 고르잘카gorzalka라는
이름으로 등장했다(이는 '태운 물'이라는 뜻으로,
증류기에서 열을 가하면 생산되는 알코올을
언급한 것이다). 당시나 중세 내내 생산되었던
대다수의 증류주가 그랬던 것처럼, 고르잘카와
다른 보드카의 조상들은 원래 약용 팅크제
용도였다. 이런 초기의 원시적인 곡물
증류주는 조잡하고 탁했으며, 현대 보드카와
비슷한 점이 거의 없었다.

증류 중 가마에
풀무를 쓰던 15세기 모습

105

폴란드 문학에서 가장 이르게 보드카를 언급한 작품 중 하나로 폴란드 국민 시인 아담 미츠키에비치의 서사시 『판 타테우스』(1834)가 있다. 이 시는 옛 폴란드 음식 문화에 바치는 찬가다. 예로 두 행만 들어보겠다.

남자들은 보드카를 받았다. 모두 자리에 앉았고,
리투아니아식 차가운 보르시●가 모두에게 식사로 나왔다.

보드카의 모스크바 초기 시절

현대의 러시아 보드카와 비슷한 술의 시작점은 열띤 논쟁의 대상이다. 한 가지 설에 따르면, 1386년 크림반도의 제노바 공화국 식민지인 카파에서 보낸 대사들이 포도즙에서 증류한 물 같은 에탄올 용액인 아쿠아 비타이를 드미트리 돈스코이 대공에게 선보였을 때 증류 기술이 전해졌다고 한다.

드미트리 돈스코이 대공

또 다른 러시아 전설에 따르면, 모스크바 크렘린 궁전 안에 있는 추도프 수도원의 러시아 정교회 수사 이시도르가 1430년경 처음으로 러시아 곡물 보드카에 관한 고급 증류법을 만들어 그렇게 만든 술을 '빵 와인'이라 칭했다고 한다. 하지만 이 주장을 뒷받침하는 문헌은 존재하지 않는다.

대공 이반 3세는 어마어마한 세입을 거둘 수 있는 기회를 포착해 1472년부터 1478년까지 보드카의 생산과 유통을 국가에서 통제하도록 했다. 이는 이후 러시아 역사에서 설립과 폐지를 무수히 반복한 정부 주도 보드카 전매의 첫 사례였다.

● barszcz(borscht). 비트를 사용한 동유럽권의 전통 수프 요리

106

큰 독수리

러시아에서 남자의 정력은 술을 얼마나 많이 마실 수 있는지로 가늠되었다. 술을 아예 마시지 않는 남자는 의혹의 눈초리를 피할 수 없었다. 18세기 황제인 표토르 1세는 아니스 풍미를 입힌 보드카를 좋아했다. 그는 전혀 취하지 않는 자신의 강건함을 자랑했고, 소문에 따르면 숙취에도 전혀 시달리지 않았다고 한다. 과도한 음주를 피해 볼까 하고 일부러 공식 궁정 연회에 지각한 손님에게는 '벌주'를 내리기도 했는데, '큰 독수리'라 불리는 1.5리터 잔에 술을 가득 따라 주었다고 한다.

1863년 보드카의 국가 전매가 폐지되면서 보드카의 가격은 떨어졌고, 모든 계층에서 보드카를 생산할 수 있게 되었다. 곧 보드카는 대다수 러시아인에게 선택받는 술이 되었다. 특히 19세기 나폴레옹 전쟁에 참전한 러시아 군인들은 보드카가 유럽에 퍼지는 데 이바지했다.

러시아의 셰익스피어

종종 '러시아의 셰익스피어'라는 별칭으로 불리는 알렉산드르 푸시킨은 러시아 문호 중 처음으로 자신의 작품에서 보드카를 언급했다. 러시아인의 삶에서 보드카가 어떤 역할을 하는지는 그의 단편 소설「그 한 발」(1830)에 언급되어 있다. "제가 만났던 최고의 사수는 매일 총을 쐈는데, 식사 전에 적어도 세 번은 총을 쐈습니다. 이렇게 하는 게 그의 일상이었습니다. 마치 보드카 한 잔을 마시는 것처럼요."

러시아에선 아이가 보드카를 마시는 일도 드물지 않았다. 아이는 사교 행사나 의례뿐 아니라 일상에서도 보드카를 마셨다. 이는 어릴 때 술을 마시면 알코올 중독을 예방할 수 있다는 믿음 때문이었다. 1834년 아내에게 보내는 편지에서 푸시킨은 어린 아들에 대해 이런 말을 남겼다. "사시카가 젖을 뗐다니 기쁜 일이오. 유모가 잠자리에 들기 전에 술을 마시는 버릇이 있다던데, 그건 그리 불행이 아니오. 우리 애는 보드카에 익숙한 채로 성장할 테니까."

107

도스토옙스키와 술의 위험성

러시아 문학이 다른 서양 문학과 뚜렷하게 다른 부분은 술을 찬양하는 경우가 비교적 적다는 점이다. 많은 러시아 작가는 조국에서 오랫동안 계속된 통탄스러운 만취의 역사를 떠올리고 술을 안 좋게 보곤 했다.

표토르 도스토옙스키

러시아인의 정신에 술이 미친 치명적인 악영향은 표도르 도스토옙스키의 작품에서 흔한 테마였다. 『죄와 벌』(1866)의 경우 원래 제목은 '술꾼들'이었다. 도스토옙스키는 편집자인 안드레이 크라옙스키에게 보내는 편지에 이런 말을 남겼다. "이 소설은 지금의 사회에서 문제가 되는 주취와 관련이 있습니다. 그 문제를 검토하는 건 물론 그 영향까지 전부 드러낼 겁니다. 소설에서 드러나는 묘사 대부분은 가족, 주취 상태에서 아이를 키우는 일 등을 다룰 겁니다."

또한 그는 『악령』(1871)에 이런 글을 남겼다. "러시아의 신은 이미 싸구려 보드카에 타도되었다. 농부들도, 어머니들도, 아이들도 모두 술에 취했다. 성당은 텅텅 비었다."

그렇다고 도스토옙스키가 보드카를 즐기는 일을 초월한 사람은 아니었다. 그의 친구이자 동료 작가인 미하일 알렉산드로프는 자신의 일기에 도스토옙스키가 아침을 어떻게 먹는지를 기록한 바 있다. "한번은 표도르가 아침을 먹을 때 방문한 적이 있었는데, 나는 그가 평범한 곡물 보드카를 어떻게 마시는지 보게 되었다. 그는 갈색 빵을 조금 베어 물고 보드카가 담긴 잔을 한 모금 마시고 뭉뚱그려 입안에서 씹었다."

러시아인들은 전통적으로 보드카를 음식과 함께 즐겼다. 전통적인 보드카의 짝 중 하나는 캐비아다.

흥을 깨는 톨스토이

아 니 라 고 말 해

보드카, 정치, 돈이 서로 몇 세기
동안 엉켜 있던, 검열의 지배를
받던 폐쇄적인 사회에서 많은
작가는 음주를 주제로 자유롭게
의견을 표출하기를 꺼렸다. 하지만
국제적인 명성을 떨친 덕에 용기를
낼 수 있었던 레프 톨스토이는
예외였다.

『전쟁과 평화』(1869)와 『안나
카레니나』(1873)의 작가는
보드카를 독으로 생각했을 뿐
아니라 소작농을 억압하기 위한
전제 정권의 유익한 도구로 보았다.
그는 1887년 반주취 연맹이라고
하는 금주 단체를 설립했고,
1890년엔 「왜 사람은 스스로
얼빠진 상태가 되는가?」라는
유명한 에세이를 남겼다. 이
에세이에 그는 이런 언급을
남겼다. "대마, 아편, 술, 담배가
세계적으로 소비되는 이유는
맛이 있어서도, 즐거워서도, 기분
전환이 되어서도 아니다. 그저
양심의 요구를 외면해야 해서 그런
것이다."

레프 톨스토이

보드카 불가지론자

안톤 체호프가 보드카를 비롯한 전반적인 술을 바라보는 관점은 경멸과 동정 사이에서 오락가락했다. 이 위대한 러시아 단편 소설가는 보드카 생산자들을 "악마의 피가 흐르는 행상인"이라 부르며 비난했는데, 그의 두 형제가 알코올 중독자였기 때문이다. 하지만 그는 이런 말을 하면서도 일상에서 나타나는 가혹한 현실에 대한 위안거리를 찾는 인간의 욕구를 이해했다. 그의 소설과 연극에 등장하는 술고래들은 유머와 동정심을 제대로 갖추고 있다.

체호프의 희곡 『바냐 아저씨』(1896)의 주인공은 주치의와 술을 마시던 중 그 모습을 본 조카딸에게 질책을 당하는데, 이때 이런 말을 남긴다. "현실의 삶이 사라지면 사람은 반드시 환상을 만들어 낸다."

자신의 특징인 코안경을
자랑스럽게 낀 안톤 체호프

또한 체호프의 단편 소설 「바다에서: 한 선원의 이야기」(1883)에서 방종한 주인공 중 한 사람은 이렇게 외친다. "우리 선원들은 보드카를 많이 마시고 여기저기서 죄를 짓지. 미덕이 바다에서 무슨 도움이 되는지 영 알 수 없으니 말이야."

러시아의 부코스키

베네딕트 예로페예프는 자신이 보드카를 열렬히 사랑한다는 걸 전혀 숨기지 않았고, 글에서도 보드카를 향한 애정을 숨기지 않는 것으로 잘 알려져 있다. 브레즈네프 시대 초기에 선보인 희극적 명작 소설 『모스크바발 페투슈키행 열차』(1969)에서는 세계 문학에서도 가장 유명한, 술을 마시며 흥청거리는 장면을 묘사한다.

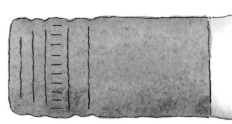

작가의 자전적 산문시와도 같은 이
소설은 직장에서 해고당한 지 얼마
되지 않은 전선 기술자가 애인과
어린 아들을 만나고자 모스크바발
페투슈키행 열차에 탑승한 뒤 펼쳐지는,
보드카에 만취한 여행 이야기를
들려준다. 변화무쌍한 여행 동안 화자인
베니치카는 다른 여행객들과 음주에
관한 철학적 토론을 하고, 늦잠을
자다가 내려야 할 역을 지나쳐 결국
열차가 모스크바로 돌아갈 때 잠에서
깬다.

베네딕트 예로페예프의
앞으로 쓸어내린 머리.
저스틴 비버를 한참 앞서는 것이다.

러시아계 미국인 작가 알렉산더 게니스는
예로페예프에 대해 이렇게 말했다. "그는 음주의 형이상학을 깊이 파고든
위대한 탐험가다. 그에게 술은 농축된 별세계다. 그에게 취하는 건 떨치고
나아가는 것이고, 문자 그대로 이 세상의 존재가 아니게 되는 것이다. 그에게
보드카는 새로운 현실의 산파다."

『모스크바발 페투슈키행 열차』에서 이 스톨리치나야 보드카는 어마어마하게 소비된다.

러시아의 20세기 정상들과 보드카

1917년 러시아 혁명에서 주도적인 역할을 한 시인 블라디미르 마야코프스키는 다음처럼 유명한 말을 남겼다. "지루하게 사느니 보드카를 마시고 죽는 게 낫다." 하지만 러시아 정상들의 보드카에 관한 생각은 서로 일치하지 않았다.

1914년 황제 니콜라이 2세는 러일전쟁에서 패한 건 취한 군인들 때문이라고 확신하고는 칙령을 내려 술의 생산과 판매를 일절 금지했다.

블라디미르 레닌은 "보드카와 다른 마약들은 우리를 공산주의로 나아가게 하지 않고 오히려 자본주의로 끌어들이는 결과를 낳을 것이다"라고 말했다. 그리고 술꾼들을 총살하라고 지시했다.

이오시프 스탈린은 소련의 사회주의 산업화에 자금을 대는 수단으로 보드카를 활용했다.

니키타 흐루쇼프가 즐겨 마신 술은 후추 보드카였다.

레오니트 브레즈네프는
향모꽃으로 풍미를 낸 주브로브카라는
벨라루스 보드카를 좋아했다.

미하일 고르바초프가
1985년 서기장이 되고 나서 한 첫 공식
업무는 보드카에 접근하는 걸 제한하는
금주 캠페인을 펼치는 것이었다.
이에 그의 인기는 크게 추락했다.

고르바초프의 후계자이자
술고래인 보리스 옐친은
세계 무대에서 보드카를 마시고
별난 행동을 한 것으로 잘 알려졌다.

현재의 정상 블라디미르 푸틴은
증류 주를 썩 좋아하지 않아,
전하는 바에 따르면 보드카보다는
맥주를 선호한다고 한다.

미국에서의 보드카

오늘날 미국에서 보드카는 어디에서나 찾아볼 수 있다. 이는 주문된 칵테일 셋 중 하나에 보드카가 기주로 사용된다는 사실로도 알 수 있다. 하지만 미국에서 보드카는 처음에 험난한 길을 걸었다. 금주법 시대에서 벗어난 미국인들에겐 이미 선호하는 무색의 증류주, 즉 진이 있었기 때문이다. 진과 비교하면 풍미가 덜한 보드카는 판매하기 어려운 물건이었다.

러시아에서 증류소를 설립하여 대성공을 거둔 표토르 스미노프의 아들 블라디미르 스미노프는 1933년 미국에서 금주법이 폐지된 후 스미노프라는 브랜드명, 보드카 레시피, 생산권을 우크라이나계 미국인인 루돌프 쿠넷에게 팔았다. 쿠넷은 코네티컷주 베델에 가게를 차렸지만, 미국이 보드카에 무관심한 데에는 대비하지 못했다. 결국 성과 없는 5년을 보낸 그는 사업을 주식회사 휴블레인의 사장 존 길버트 마틴에게 1만 4천 달러에 팔았다.

존 길버트 마틴, 미국에서 보드카를 인기 있는 술로 만든 사람

마틴의 판매 전략 중 하나는 모스코바 뮬을 구리 머그잔에 제공하는 것이었다.

이후 여러 해 동안 매출은 보잘것없었고, 이에 마틴은 1941년 로스앤젤레스로 가서 할리우드 레스토랑 칵앤불의 소유주인 잭 모건을 만났다. 당시 모건은 영국의 진저비어를 팔았는데, 도저히 팔리지 않아 많은 재고를 떠안고 있었다. 이내 두 사람은 아무도 사려고 하지 않는 두 제품, 즉 보드카와 진저비어를 섞는 시도를 했고, 그 결과는 모스코바 뮬로 나타났다. 이 칵테일은 곧 성공을 거둬 미국에서 보드카가 인기를 얻는 데 발판을 마련했다. 결국 바텐더들은 중립적인 혼합용 재료로서 보드카가 지닌 거대한 잠재력을 갑작스럽게 깨닫게 되었다.

보드카 토닉

보드카를 그대로 마시는 동유럽 애주가들과 달리, 대부분의 서양 애주가들은 보드카를 다른 음료에 타서 희석하거나 칵테일 재료로 활용하기를 더 좋아했다.

미국 작가이자 비트 세대의 우상인 윌리엄 S. 버로스는 이런 말을 남겼다. "우리나라를 병들게 하는 마약은 술이다." 하지만 그가 노년에 자기만의 레시피로 만든 보드카 앤드 코크를 즐기는 모습이 종종 포착되었다.

크리스토퍼 이셔우드

보드카와 가장 오랫동안 혼합된 음료는 토닉 워터다. 영국계 미국인 소설가 크리스토퍼 이셔우드는 보드카 토닉을 지나치게 많이 마시는 자신을 걱정했는데, 특히 자신의 음주 습관이 장기적으로 건강을 해칠 가능성을 우려했다. 『베를린 이야기』(1945)에서는 히틀러가 집권할 때까지 술에 만취해 방탕한 생활을 계속하는 사람을 등장시키기도 했다. 이셔우드의 사망 10년 후에 출간된 『일기: 1939~1960』(1996)을 보면, 그는 이렇게 일기를 시작하곤 한다. "오늘부터 나는 담배를 끊고 보드카 토닉을 마시는 걸 그만두려고 한다."

보드카 토닉의 또 다른 팬으로는 그리니치빌리지의 술집 라이언스 헤드의 단골이었던, 뉴욕의 술고래 저널리스트 피트 해밀이 있다. 문학적으로 유명한 이 술집에서 해밀은 프랭크 매코트, 셰이머스 히니, 노먼 메일러 등과 글을 돌려 읽었다. 그는 자신의 회고록 『술 마시는 삶』(1995)에서 이런 언급을 남겼다. "신문 기자, 화가, 음악가, 선원, 전직 공산당원, 성직자, 수녀, 운동선수, 증권 중개인, 정치인, 포크 가수가 술이라는 평등한 민주주의 속에서 단결하는 영광스러운 모습을 보여 주는 뉴욕 술집은 그리 많지 않다." 하지만 38세 때 해밀은 술이 몸과 마음에 해를 입힌다는 걸 인정하고 샷 잔을 영원히 손에서 놓았다. 그가 마지막으로 마신 술은 1972년의 보드카 토닉이었다.

그리니치빌리지의 라이언스 헤드(1996년 폐업)에서 몇 블록 떨어진 곳에는 전설적인 술집 화이트호스 태번이 있었다. 이곳은 1950년대와 1960년대에 문인들이 늘 모이던 곳이었는데 잭 케루악, 아나이스 닌, 제임스 볼드윈, 노먼 메일러, 헌터 S. 톰슨 등 유명한 작가들도 들렀다.

젓지 말고 흔들어서

소설가 이언 플레밍은 1960년대에
보드카 매출을 자신도 모르게 끌어
올렸다. 그의 소설 캐릭터인 영국
첩보원 제임스 본드가 영화로 등장했기
때문이다. 영화에서 본드만의 고유한
칵테일은 보드카 마티니였는데, 이것은
젓지 않고 흔들어서 만드는 것이었다.
본드 이전에 마티니를 주문한다는 건
진을 기주로 한 마티니를 마시겠다는
뜻이었다. 이론에 따르면 진은 흔들면
풍미에 타격을 입지만, 보드카는 분명
그렇게 섬세한 술은 아니었다.

하지만 플레밍의 책에서 본드는
보드카 강경파는 아니었다. 그는
종종 진 마티니도 주문해서 마셨다.
본드 시리즈의 첫 작품 『카지노
로얄』(1953)에서 본드는 보드카와
진이 모두 쓰인 베스퍼를 주문하는데,
이때 바텐더에게 제조법을 꼼꼼하게
설명한다. "고든스 진 3, 보드카 1,
키나 릴레● 0.5. 아주 차가울 때까지
잘 흔들고, 거기에 커다랗고 얇은 레몬
껍질 조각을 올려 줘. 알았지?"

이언 플레밍의 제임스 본드

● Kina Lillet. 보르도산 와인과 리큐르를 85 대 15 비율로 섞
어 만드는 식전주. 1986년 이후로는 '릴레 블랑Lillet Blanc'으
로 불린다.

같은 영국인이자 현대 소설가인 로런스 오스본 역시 잘 만든 보드카 마티니를 즐긴다. 『축축하고 메마르고』에서는 주로 건조한 중동 국가에서 음주와 관련된 위험을 한껏 즐긴다. 베이루트의 르 브리스톨 호텔에 앉은 그는 유리 회전문 밖에 무장 군인들이 주둔한 모습을 보고 눈에 잘 띄지 않는 호텔 바를 "자유로운 재량권 행사"와 같다고 묘사한다. 그리고 이어서 보드카 마티니를 마시고는 이런 말을 남긴다. "굴 밑에 깔린 차가운 바닷물처럼 이 칵테일은 불길하고 차갑게 다가오지만, 동시에 신경에 만족감을 준다. 왜냐하면 이걸 마시려면 분명 용기가 필요하기 때문이다."

스크루드라이버

오렌지 주스와 보드카를 결합한 스크루드라이버는 트루먼 커포티가 선택했던 술이다. 『티파니에서 아침을』(1958)과 『인 콜드 블러드』(1966)를 선보인 이 작가는 스크루드라이버를 "나의 오렌지 음료"라고 표현했다.

『보드카: 색도, 향도, 맛도 갖추지 않은 술이 미국을 정복한 이유』(2014)의 저자인 빅토리노 매터스에 따르면, 스크루드라이버는 1940년대 말 페르시아만에서 일하던 미국인 석유 굴착 노동자들로부터 그 명칭을 얻었다고 한다. 그들은 일할 때 조심스럽게 보드카를 오렌지 주스에 넣고 저었는데, 이때 젓는 도구로 사용된 것이 그들과 가장 가까운 곳에 있던 공구인 스크루드라이버(나사돌리개)였다고 한다.

스크루드라이버

얼음
보드카 60밀리리터
오렌지 주스
장식용 오렌지 조각

하이볼 잔에 얼음을 채우고 보드카를 붓는다. 남은 공간에 오렌지 주스를 채우고, 오렌지 조각을 장식한다.

내가 술을 마시는 곳

레이먼드 카버는 영국의 『타임스』가 '미국 중산층의 체호프'라 칭했던 작가다. 카버는 자신만의 진솔한 산문으로 1980년대 미국 단편 소설에 활력을 불어넣는 데 크게 기여했지만, 성인이 된 후 삶의 대부분을 보드카에 속박되어 절망스럽게 보냈다. 그러나 술에서 벗어나지 못한 다른 많은 선배 문인과는 달리, 그는 결국 술에서 빠져나올 수 있었다.

카버는 워싱턴주 동부의 야키마라는 작은 도시에서 성장했다. 그의 아버지는 제재소에서 일했고, 부모 모두 술을 즐겼다. 그는 어렸을 때 처음 술을 마셔 봤는데, 1983년 『파리 리뷰』에 실린 인터뷰에서 해당 경험에 대해 이렇게 말했다.

> 어머니는 부엌 싱크대 아래에 있는 진열장에 분명 신경약이었던 걸 한 병 두고 계셨습니다. 아침마다 큰 숟가락으로 그 약을 몇 번 드셨죠. 그리고 아버지의 신경약은 위스키였습니다. 몰래 그걸 맛본 기억이 있는데, 정말 싫었습니다. 대체 이딴 걸 누가 마시냐는 생각이 들었죠.

카버는 10대 초반에 체중 문제를 해결하기 위해 담배를 피우기 시작했다. 그의 부모는 종종 그에게 담배를 사줬는데, 자신들의 것을 그가 슬쩍하지 않기를 바랐기 때문이다.

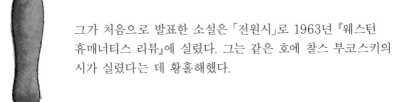

그가 처음으로 발표한 소설은 「전원시」로 1963년 『웨스턴 휴매너티스 리뷰』에 실렸다. 그는 같은 호에 찰스 부코스키의 시가 실렸다는 데 황홀해했다.

1973년 카버는 자신처럼 체호프라 불린 술꾼 존 치버와
함께 아이오와주에서 작문 강의를 했는데, 나중에 그
시절에 대해 이런 글을 남겼다. "그와 나는 술을 마시는 것
말고는 아무것도 하지 않았다. … 우리는 어떤 면으로 보면
동료 강사로 만났지만, 그곳에 있는 동안 타자기 덮개조차
벗길 생각을 하지 않았다."

'교외의 체호프'
존 치버

카버의 전기를 쓴 작가 캐럴 스크레니카에
따르면, 카버는 첫 단편 소설집인 『제발 조용히
좀 해요』(1976)의 교정쇄를 수정하는 동안
식탁에서 보드카를 마셨다고 한다.

1976년 맥그로힐 출판사에서 출간한
『제발 조용히 좀 해요』 초판

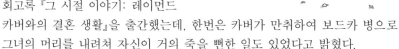

카버는 음주로 마리안 버크 카버와의 첫
결혼 생활을 망쳤다. 그녀는 2006년에
회고록 『그 시절 이야기: 레이먼드
카버와의 결혼 생활』을 출간했는데, 한번은 카버가 만취하여 보드카 병으로
그녀의 머리를 내려쳐 자신이 거의 죽을 뻔한 일도 있었다고 밝혔다.

재활 센터에 두 번 입소하고 병원에 세 번 입원한 후인 1977년,
카버는 술을 끊었다. 그의 친구이자 미국 소설가인 더글러스
엉거는 이에 대해 이렇게 말했다. "레이는 여러 번 고백했어요.
술에 취하지 않고 글을 다시 쓸 수 있을지 도무지 확신이 서지
않는다고 말이죠."

하지만 실제로 술을 끊었던 마지막 11년 동안 카버는 개인적으로 가장 많은 작품을 선보였고, 1984년엔 역사적인 소설집 『대성당』을 출간했다. 이 소설집엔 앰배서더 북 어워드 수상작 「내가 전화를 거는 곳」이 포함되었는데, 이 소설은 알코올 중독 치료 시설에서 치료를 받는 알코올 중독자를 이야기한다. 화자인 J. P.는 잭 런던의 단편 소설 「불을 지피다」를 회복에 비유한다. 잭 런던 소설의 주인공처럼 그는 얼어 죽거나 불을 지펴 사는 것 중 하나를 선택해야 한다.

1983년 앨프러드 E. 노프 출판사에서 출간한
『대성당』 초판

카버는 과거 『파리 리뷰』와 가진 인터뷰에서 음주에 관해 말했던 내용을 돌아보고는 이렇게 말했다. "물론 음주에 따르는 신화가 있죠. 하지만 저는 단 한 번도 그런 것에 관심을 가진 적이 없습니다. 저는 음주 자체에 관심이 많았습니다. 제 자신이나 저의 글, 그리고 저의 아내와 아이들에게 제가 가장 바랐던 일이 일어나지 않을 거라는 걸 깨닫고 나서 그렇게 심하게 술을 마시기 시작했던 것 같아요."

데이비드 매크라켄이 자신의 에세이 「레이먼드 카버와 음주의 기질」에서 밝힌 바에 따르면, 카버의 여러 소설에 나오는 등장인물들은 역설적이게도 알코올 의존으로 생긴 문제를 처리하고자 술에 의지하는 모습을 보인다. "카버의 소설 세계에서 음주는 많은 등장인물에게 자신의 삶을 평가할 수 있다는 안정감을 준다. 그 안정감이 덧없다 하더라도 말이다."

카버는 술을 마시던 시절의 자신을 '형편없는 레이먼드'라고 했다.

골초이기도 했던 카버는 1988년 폐암으로 사망했다.

블러디 메리

부지런하지만 술고래인 작가는 다음날 일을
재개할 때 숙취라는 가장 큰 장애물과
필연적으로 싸워야 한다. 어니스트 헤밍웨이와
레이먼드 카버는 숙취를 해장술로 해결하기를
좋아했는데, 보통 블러디 메리를 마셨다.

이 칵테일의 유래에 관한 가장 대중적인 이야기는, 1920년대에 '피트'라고
불리던 바텐더 퍼낸드 페티엇이 파리에 있는 해리스 뉴욕 바에서 처음으로
보드카와 토마토 주스를 섞었다는 것이다.

금주법 폐지 후인 1934년, 페티엇은 뉴욕에 있는 세인트 리지스 호텔의 킹
콜 바를 책임지게 되었다. 여기서 그는 보드카, 토마토 주스, 감귤류 과일,
향신료를 섞어서 앞서 언급한 것과 비슷한 칵테일을 선보였다. 호텔 소유주
빈센트 애스터가 칵테일에 블러디 메리라는 이름을 붙이는 데 반대하면서,
처음에 이 칵테일은 레드 스내퍼라는 이름으로 제공되었다.

1927년 플로리다주 팜비치에 있는 레스토랑 라 메이즈에서 조지 제슬이라는
코미디언이 블러디 메리를 만들었다는 이야기도 있다. 전하는 바에 따르면,
사교계에서 유명한 한 여자가 자신의 흰 드레스에 그것을 쏟고서는 "조지, 이제
날 블러디 메리라고 부르면 되겠네!"라고 소리쳐서 블러디 메리가 칵테일의
이름으로 쓰이게 됐다고 한다.

유명하지만 확인되지 않은 또 다른 기원설은, 칵테일의 이름이 16세기
개신교도를 박해하던 잔인한 여왕 메리 튜더에서 유래했다는 것이다.

헤밍웨이가 이 칵테일을 만들었다는 이야기는 틀린 것으로 밝혀졌다. 하지만 그는 블러디 메리를 만들지는 않았어도 자신만의 블러디 메리 제조법은 갖고 있었다. 이는 『어니스트 헤밍웨이: 편지 선집, 1917~1961』(1981)에 등장한다. 그의 레시피에선 "적게 만들면 아무짝에도 쓸모없다"며 주전자를 요구한다.

어니스트 헤밍웨이식 블러디 메리

얼음
양질의 러시아산 보드카 475밀리리터
차가운 토마토 주스 475밀리리터
(리 앤드 페린스 사의) 우스터 소스 한 큰술
갓 짜낸 라임 주스 45밀리리터
셀러리 솔트
고춧가루
후추

주전자에 얼음을 절반 정도 채우고 보드카와 토마토 주스를 넣어 섞는다. 우스터 소스를 넣고 젓는다. 라임 주스를 넣고 젓는다. 셀러리 솔트, 고춧가루, 후추를 소량 넣고 저은 다음 맛을 본다. 알코올 느낌이 너무 강하면 토마토 주스를 더 넣는다. 알코올 느낌이 부족하면 보드카를 더 넣는다.

마지막에 헤밍웨이는 이런 말을 더한다. "정말 끔찍한 숙취에 시달린다면 우스터 소스 양을 더 늘려도 되지만, 아름다운 색이 사라져선 안 된다."

스웨덴과 앱솔루트 보드카

스웨덴은 1950년대까지 '보드카'라는 명칭을 받아들이지 않았지만, 똑같은 물건을 브란빈brännvin('태운 와인'이란 뜻)이라는 이름으로 몇 세기 동안 생산했다. 스웨덴의 가장 유명한 보드카 브랜드인 앱솔루트는 1879년 라스 올슨 스미스가 설립했다.

라스 올슨 스미스

1979년 앱솔루트는 기업가 피터 이켈룬트와 마스터 디스틸러인 뵈르예 카를손의 지도를 받아 브랜드 이미지를 쇄신하면서 세계 시장 공략에 나섰고, 이는 증류주 산업의 지형을 바꿔 놓게 된다. 회사의 독창적인 광고 캠페인에 힘입은 보드카는 결국 단위로 따졌을 때 전 세계에서 스카치위스키, 진, 와인보다 더 많이 팔리게 된다.

좋았던 과거를 향한 동경

게리 슈타인가트도 자신이 쓴 인기 소설 『압수르디스탄』(2006)의 주인공 미샤 베인버그처럼 보드카를 즐겨 마신다. 슈타인가트는 일곱 살 때 뉴욕으로 이민하기 전에 레닌그라드에서 나고 자랐다. 러시아 혈통에 알맞게 그는 보드카를 그대로 마시기를 즐긴다. 그가 선호하는 보드카 브랜드는 러시안 스탠더드다. "코뿔소 똥구멍에서 나온 다이아몬드에 삼중 여과를 했다는 이야기 같은 건 이 술에 없어요. 하지만 술맛은 참 좋죠."

게리 슈타인가트

2006년 『모던 드렁커드 매거진』과의 인터뷰에서 슈타인가트는 술에 취하는 문인들의 전통이 사라진 것에 대해 한탄을 금치 못했다.

요새는 작가로 살기 참 힘들어요. 인간미 따윈 없죠. 작가라는 게 얼마나 무미건조한 직업인가요. 아마존 순위는 도무지 모를 수 없을 정도잖아요. … 같이 술 마실 사람이 참 적어요. 여기 문인 사회는 저를 지지하지 않죠. 저는 늘 혼자니까요. … 마음속에서 제가 사는 세상은 여전히 F. 스콧 피츠제럴드, 헤밍웨이, 도스토옙스키가 사는 세상입니다. 밤새 술을 마시거나 주저하지 않고 모험에 나서는 그런 세상 말이죠. 하지만 그런 세상은 더 이상 존재하지 않아요.

맛이 나지 않는 거물

로런스 오스본은 보드카를 두고 "역사상 인간이 만든 마약 중 가장 성공적인 물건"이라고 표현했다. 보드카가 지금은 세계적으로 가장 큰 규모로 거래되는 증류주로서 패권을 자랑하고 있지만, 주류 순수주의자와 러시아의 영향권 밖에 있는 주류 작가들은 이 술에 호의를 보인 적이 없다.

그럼에도 보드카 전문가들은 보드카의 인기가 보드카에는 없는 것, 즉 맛에 있다고 지적한다. 보드카는 아무런 맛이 나지 않는 걸 자랑스럽게 노골적으로 드러내고 있고, 그래서인지 사람들이 다른 훌륭한 증류주에 보이는 존경심은 절대 얻지 못하고 있다. 킹슬리 에이미스는 자신의 책 『일상의 음주』에서 보드카를 "진, 그리고 더 나아가 전반적인 술의 맛을 실질적으로 좋아하지 않는 평범한 사람들을 위한 술"이라고 칭하면서 보드카가 미각에 남기는 실망스러운 인상에 대해 유감을 표한 바 있다.

ABSINTHE

압생트

제6장

압생트는 매력적인 초록색을 띠지. 압생트가 담긴 잔은 다른 모든 것처럼
시적이라고. 압생트를 따른 잔과 저녁노을이 진 하늘 사이에 무슨 차이가 있겠어?
— 오스카 와일드(크리스티안 크로그의 1897년 저서 『파리발, 파리행 당일치기 여행들』 중)

귀스타브 플로베르는 특유의 풍자적인 정의를 모은 『통상 관념
사전』(1913)에서 압생트를 다음과 같이 설명했다. "극악한 맹독, 한 잔을
마시면 죽은 것과 다름없다. 저널리스트들은 기사를 쓸 때 이것을 마신다.
베두인족보다 더 많은 군인을 죽였다."

압생트는 음료 역사에서 가장
많은 비난을 받고 오해를 받은
술일 것이다. 압생트로 인해
대중은 과도하게 흥분했고,
손을 부들부들 떨었으며, 또한
비논리적인 주장으로 압생트를
공격하는 일도 서슴지 않았다.
이런 사회적인 반응을 일으킨
술은 어디에도 없었다. 그렇게
압생트는 지난 2백 년 동안
가장 널리 금지된 술이라는
불명예스러운 훈장을 받았다.

그런 악명 덕에 자연스럽게
압생트는 다른 술보다 훨씬
더 낭만적으로 그려지거나
신화화되었고, 창의력을
가진 사람들과 밀접하게
연관되었다. 그렇게 수많은
작가, 시인, 화가, 작곡가가
'초록빛 뮤즈'의 포로가
되었다.

시인 폴 베를렌은
압생트에
'초록빛
요정'이라는
별명을 붙였다.

126

향쑥

압생트의 주요 재료는 향쑥이라는 이름으로 더
잘 알려져 있는 아르테미시아 압신티움이다.
나무 같은 이 다년생 식물의 원산지는 지중해와
맞닿은 유라시아와 북아프리카 지역이다. 향쑥의
잎을 우렸을 때 최종적으로 나오는 압생트는
엽록소 때문에 독특한 초록빛을 띤다.

향쑥

향쑥을 우린 술은 고대 이집트, 그리스,
로마까지 거슬러 올라가는데, 당시에는 주로
약용으로 만들어졌다. 77년경 가이우스
플리니우스 세쿤두스는 『박물지』에서 향쑥으로
치료할 수 있는 많은 병과 함께 향쑥의 다양한
조제법을 설명했다. 여기엔 포도즙에 향쑥의
줄기와 잎을 우려 향쑥 와인을 마시는 방법도
있었다.

베르무트^{vermouth}라는 단어는 향쑥을 뜻하는 독일어 'wermut'에서 유래했다.
베르무트의 초기 형태는 16세기 독일과 헝가리에서 생산된 향쑥을 우린 주정
강화 와인이었다. 향쑥은 현대의 일부 베르무트 제조법에서 여전히 확인할 수
있다.

스위스 뇌샤텔주

하지만 현대 압생트의 초기
형태는 그로부터 2세기가
지난 18세기 후반이 되어서야
스위스 뇌샤텔주에서 나타났다.
프랑스의 상징주의 시인
아르튀르 랭보는 압생트를
"빙하의 산쑥"이라 했는데,
그가 빙하라고 한 곳은
발드트라베르로, 향쑥이
풍성하게 자라는 뇌샤텔주의
추운 지역이다.

발드트라베르의 신비한 영약

압생트의 발생지는 논란의 여지가 없지만, 압생트를 만든 사람이 누구인지는 온갖 신화와 수수께끼로 점철되어 있다. 오늘날의 학자들은 아직도 허구와 뒤엉킨 사실을 떼어 내려고 애쓰고 있다.

가장 널리 알려진 전설은 1767년 군대에서 탈영하여 발드트라베르의 쿠베라는 스위스 마을로 도망친 피에르 오디네르라는 프랑스 남자에 관한 이야기다. 이 마을에서 그는 시골 의사로 위장했는데(그가 의료 자격을 갖췄는지는 불확실하다), 향쑥과 여러 방향성 식물로 만든 허브 치료제를 내놓으면서 호평을 받았다. 그를 찾은 많은 환자가 자신이 이 신비한 영약을 복용하고 병을 완치했다고 밝혔다. 이 이야기에는 또 다른 버전이 있는데, 허브 치료제를 오디네르 혼자 만든 게 아니라 마을의 약초의인 앙리오라는 아가씨와 함께 만들었다는 것이다. 이때 앙리오는 이미 향쑥 특효약을 판매하고 있었다. 당시의 압생트 병에 붙어 있던, "마르게리트 앙리에트 앙리오의 제조법으로 만든 최고 품질의 압생트 추출물"이라고 적힌 라벨이 이 전설을 뒷받침한다.

마르게리트 앙리에트 앙리오

앙리루이 페르노

1798년 프랑스 상인이자 앙리오의 손님인 다니엘 앙리 뒤비드뒤발은 그녀가 만든 특효약의 상업적 잠재성을 알아봤다. 그리고 다섯 아들 중 막내인 마르슬랭과 사위인 앙리루이 페르노와 함께 압생트를 대량 생산한 최초의 증류소 '뒤비드 페르에 피스'를 쿠베에 설립했다.

128

1802년 앙리와 마르슬랭은 생산한 압생트를 가장 효과적으로 유통하고자 스위스 국경 인근인 프랑스 퐁타리에에 '페르노 피스 에 뒤비드'를 설립했다. 그리고 1804년 파트너 관계를 끝낸 앙리는 다비드 오귀스트 부아퇴와 손을 잡고 '페르노 피스 에 부아퇴' 증류소를 설립했다. 이후 이곳은 프랑스에서 압생트 자체가 금지되는 1914년까지 가장 인기 있는 압생트 브랜드 중 하나가 되었다.

프랑스의 약

페르노와 다른 생산자들은 압생트를 강장제로 홍보했고, 프랑스 군대는 약용으로 압생트를 받아들였다. 1830년부터 1847년까지 프랑스는 알제리를 상대로 정복 전쟁을 벌였는데, 참전한 군인들은 열병, 말라리아, 이질을 막고자 압생트를 휴대 식량으로서 정기적으로 받았다. 당연히 이들은 압생트를 곧 의료용이 아닌 다른 목적으로도 마시기 시작했다. 전쟁에서 생존한 군인들은 이 강력한 술로 갈증을 풀기를 당연시했고, 조국으로 돌아올 때에도 압생트와 함께했다. 이런 이유로 프랑스 전역에서는 압생트 생산이 급증하게 되었다.

프랑스 와인 대병충해

1890년 『펀치』에 에드워드 샘본이 기고한
만평에서 묘사된 필록세라 진딧물

19세기 중반 필록세라(포도나무를 먹어 치우는 진딧물)가 폭발적으로 증가하면서 프랑스 와인 대병충해가 발생했다. 그 결과 프랑스의 와인 산업이 거의 전멸해 와인 가격이 치솟았다. 1863년부터 들끓은 이 진딧물은 1890년대가 될 때까지 사실상 그 기세를 멈추지 않았다. 하지만 와인 부족으로 압생트 산업은 큰 이익을 봤다. 병충해 이전의 압생트는 중산층이나 즐기는 값비싼 도락이었지만, 상황이 이렇게 되자 압생트 생산자들은 재빨리 나와 와인의 공백을 메우기 시작했다. 압생트 생산량은 어마어마하게 증가했고, 그에 따라 가격은 급락했다. 급성장하는 보헤미안 하위문화를 만들어 가는 작가, 시인, 예술가 들이 더는 와인을 마실 수 없는 상황에서, 초록빛 요정은 그렇게 갑작스럽게 다가왔다.

초록빛 시간

압생트는 유럽 전역에 카페 문화가 퍼지는 데 일조했다. 그 결과 1869년 파리에만 수천 곳의 카바레와 카페가 있었다. 압생트는 오후 중반이나 후반에 마시는 강력한 아페리티프로 유행했다. 이렇게 압생트를 마시는 시간은 곧 '초록빛 시간'이란 명칭으로 알려지게 되었다. 압생트가 점점 인기를 끌면서 부차적으로 생겨난 또 다른 현상은, 초록빛 시간이 되었을 때 카페 부근 거리에서 매춘이 벌어졌다는 것이다. 한때 정치적·지적 대화를 나누던 시설로 알려졌던 카페는 이제 쾌락의 중심지 역할까지 하게 되었다.

압생트를 마시는 방법은 하나의 의식으로 발전했다.
(사람들은 압생트 관련 용품을 두고 페티시즘적 욕구를 보였다.)

1. 압생트와 차가운 물의 정확한 비율을 재기 위해 아랫부분을 전구나 거품처럼 동그랗게 만든 특별한 잔을 준비하고, 거기에 압생트를 따른다.
2. 아름답게 디자인된 평평하고 구멍 뚫린 스푼을 잔의 가장자리에 가로질러 얹는다.
3. 각설탕을 스푼 위에 올린다.
4. 차가운 물을 천천히 각설탕 위로 떨어뜨린다.

압생트의 매력 중 하나는 그것이 미학적이라는 점이다. 물이 압생트에 추가되면 짙은 초록빛은 우윳빛으로 변하고, 보는 각도에 따라 색이 다르게 보인다.

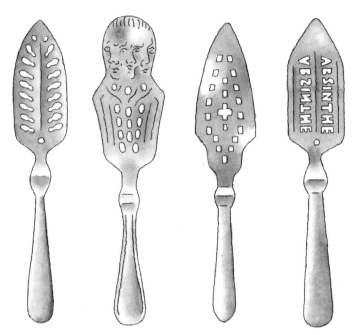

칵테일을 만드는 사람들은 압생트를 기주로 쓰는 수많은 칵테일 제조법을
만들었지만, 물방울을 떨어뜨려 마시는 기본적인 방법이 압생트를 마시는
고전적인 방식이다.

압생트
스푼들

131

보헤미안 랩소디

압생트의 인기는 프랑스어로
'아름다운 시절'을 뜻하는 (보통
프로이센-프랑스 전쟁이 끝난
1871년부터 제1차 세계 대전이 발발한
1914년까지를 뜻하는) 벨 에포크
시대에 파리에서 절정에 달했다.
파리에 무수히 모여 있던 작가,
예술가, 음악가 등은 초록빛 요정의
매력에 굴복해 있었다. 이들은
혁명적인 반문화 운동의 일원이었다.
예술에서 고전적 이상화는 계급과
성별을 가로지르는 불쾌한 현실을 그대로
드러내는 사실주의를 지지했는데, 이들의
운동은 그것을 거부했다.

1889년 설립된 파리의 전설적인
카바레 '물랭 루주'의 캉캉 댄서

프랑스의 시인·소설가인 앙리 뮈르제가 발표한 『보헤미안 삶의 정경』(1845),
그리고 프랑스 작곡가 조르주 비제가 선보인 오페라 《카르멘》(1876)은 소위
반문화 운동의 보헤미안 생활 방식을 널리 알리는 데 큰 기여를 했다. 많은
예술가가 방탕한 삶을 살고 말술을 들이키는 모습은 결국 압생트의 평판을
훼손했지만, 우리가 보헤미안의 그늘진 세계에 문화적으로 매료되는 건 막을
수 없었다.

1881년 파리에서
제조된 압생트 증류기

PARIS

보헤미안의 삶: 몽마르트의 작가와 예술가

파리 18구의 커다란 언덕에 위치한
몽마르트 구역은 유럽 보헤미안의
중심지였다. 압생트는 이 몽마르트의
샤 누아르에서 계속 공급되었다.
1881년 흥행주 로돌프 살리스가 설립한
샤 누아르는 최초의 현대 카바레로
간주된다. 폴 베를렌, 스페인 화가
파블로 피카소, 프랑스 작곡가 에릭 사티
외에도 샤 누아르엔 저명한 후원자가
많았다.

1896년 샤 누아르의 카바레 공연단을
홍보하기 위해 테오필 스텡랑이 그린
상징적인 포스터

앙리 드
툴루즈로트레크

앙리 드 툴루즈로트레크 역시
샤 누아르의 단골이었다.
그는 압생트를 담은 유리병을
자신이 주문 제작한 속이
빈 지팡이에 넣어 다니는
것으로 유명했다. 오늘날 이
지팡이는 '툴루즈로트레크'
혹은 '음주' 지팡이로 불린다.
그가 좋아하던 칵테일
중에는 압생트와 코냑을 섞은
어스퀘이크가 있었다.

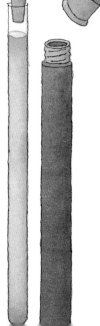

'음주' 지팡이

샤를 보들레르의 1857년 시집 『악의 꽃』에는 「독」이라는 시가 있다. 이 시에서 독이라고 칭한 압생트는 와인과 아편보다 더 해로운 것으로 묘사된다.

하지만 그 어느 것도
그대의 눈에서 흘러내리는 독만큼은 아니다
그 초록빛 눈, 내 영혼이 벌벌 떨며 그 악한 면을 보게 되는 호수…
내 꿈은 무리를 지어 와
그 지독한 만에서 갈증을 푼다.

프랑스의 상징주의 작가이자 희곡 『위뷔 왕』(1896)으로 가장 잘 알려진 알프레드 자리는 압생트를 마실 때 그대로 들이키길 고집했고, 압생트를 '성수'라고 표현했다.

알프레드 자리

기 드 모파상은 「파리에서의 기괴한 밤」을 비롯한 자신의 여러 단편 소설에 나오는 많은 등장인물처럼 압생트를 마셨다. "사발 선생은 그들과 어느 정도 거리를 두고 앉아 압생트를 즐길 시간이 곧 오길 기다렸다."

모파상과 같은 상징주의 시인인 귀스타브 칸(1859~1936)은
자유시로 압생트를 향한 사랑을 표현했다.

압생트, 모든 행복의 어머니,
아아 무한한 술이여, 너는 내 잔에서 푸르고
창백하게 빛나는구나, 마치 내가 한때 사랑했던
여인의 눈 같이

털보였던 귀스타브 칸

에드가 드가가 1876년에 선보인 유명한 그림 〈압생트〉는
파리의 오르세 미술관에 걸려 있는데, 그와 친구들이 자주
들르던 피갈 광장의 카페 드 라 누벨 아텐에서 그의 친구 두
사람이 음료를 마시는 모습이 그려져 있다.

프랑스 작가 에밀 졸라는 파리의 빈민들 사이에 나타나는
알코올 중독을 다룬 소설 『목로주점』을 쓰면서, 드가에게
책에 나오는 풍경 일부가 그의 덕이라고 말했다. "저의 책 여러
부분에서 선생님의 그림 몇 점을 있는 그대로 묘사했습니다."

에밀 졸라

졸라의 소설 『나나』(1880)에서는 매춘부 나나가 압생트를
마시며 '인간의 야만성'을 잊는다.

프랑스 시인 라울 퐁숑은 1886년 시 「압생트」에서 이렇게 말한다.

압생트, 진정 내가 너를 어찌나 좋아하는지!
너를 마실 때면,
나는 아름답고 푸르른 계절에 들어선,
창창한 숲의 영혼을 들이마시는 것 같구나.

나는 너의 향으로 어지럽고
네 유백광으로
나는 활짝 열린 문을 통해
옛적 풍성하던 천국을 본다.

라울 퐁숑

프랑스 화가 폴 고갱은 1897년 친구에게 보낸 편지에 이런 글을 썼다. "문간에 앉아 담배를 피우고 압생트를 홀짝이고 있으면 날마다 즐거워. 걱정할 게 아무것도 없어."

빈센트 반 고흐는 툴루즈로트레크와 고갱의 영향으로 압생트를 마시게 되었다. 역사가들은 장뇌, 테레빈유, 압생트에 있는 테르펜 화학물에 고흐가 중독되었을지도 모른다고 추측하는데, 이러한 가설이라면 페인트와 테레빈유, 그리고 압생트를 마셨던 그의 성향이 설명될 것이다.

피카소는 스무 살이 되던 1901년에 파리에 와서 압생트를 마시는 사람들을 묘사한 수많은 그림을 남기기 시작했다. 여기엔 피카소가 '우울증 시기' 첫해에 선보인 〈압생트를 마시는 여인〉(1901)도 포함된다.

파블로 피카소가 1914년 파리에서 청동으로 만든 〈압생트 잔〉 조각상 여섯 점 중 하나. 피카소는 이 여섯 작품을 각각 독특한 방식으로 꾸몄다.

파리의 파티광

보헤미안들이 판치던 파리에서 술에 취해 야단법석을 떨던 두 시인 아르튀르 랭보와 폴 베를렌은, 압생트에 얽힌 근거 없는 생각에 크게 이바지한 소란스러운 관계로 유명하다. 소위 무서운 아이였던 랭보는 압생트하면 생각나는 위험, 비밀, 낭만을 상징하는 인물이다. 앨런 긴즈버그는 훗날 랭보를 "최초의 펑크족"이라고 부르면서 그가 1950년대 비트 운동에 영감을 주었다고 밝혔다. 랭보는 초현실주의자들에게도 영향을 미쳤고, 나중엔 밥 딜런, 짐 모리슨, 패티 스미스 같은 작사·작곡가들에게도 영향을 미쳤다. 베를렌은 생전에 존경받는 문인으로 호평을 받았지만, 그의 명성은 랭보와 영원히 얽히게 된다.

프랑스 아르덴 지역 출신인 아르튀르 랭보는 무명 시절인 1871년 열일곱 살 때 파리에 있던 몇몇 저명한 시인들에게 자신의 시를 몇 편 보냈다. 편지로 보낸 여러 시 중엔 현재 명시가 된 「술 취한 배」도 있었는데, 이것은 그가 열여섯 살 때 지은 시였다.

아르튀르
랭보

랭보의 편지에 유일하게 답장을 보낸 사람은 그보다 열네 살 더 많은 저명한 상징주의 시인 폴 베를렌이었다. 조숙하고 재능 있는 청년에게 호기심을 느낀 그는 랭보를 파리로 초대했다. "어서 파리로 오시오, 훌륭한 영혼을 가진 청년이여. 우리가 그대를 기다리고 있소. 우리는 그대가 당장이라도 이곳에 오길 바라오." 베를렌은 답장을 보내면서 파리행 편도 티켓도 동봉했다.

폴 베를렌

랭보의 작품에 압생트가 언급되는 경우는 적지만, 그가 베를렌을 만난 뒤 이내
초록빛 요정에 도취되었다는 건 잘 알려진 사실이다. 두 사람은 파리의 피갈
광장에 있는 르 카페 뒤 라 모르('죽은 쥐 카페')의 단골이 되었고, 술에 취하면
터무니없고 상스러운 행동을 하는 것으로 도시에 이름을 알렸다. 베를렌은
한번은 이렇게 말했다. "내가 술을 마실 때는 술을 즐기는 게 아니야. 취하려는
거지."

랭보는 술이나 대마 같은 도취제를 즐겼을
뿐 아니라 작품 활동에 필수적인 것으로
여겼다. 새로운 시적 언어를 찾고 있었던
그는 파리를 떠나기 전 친구에게 보낸
편지에 이렇게 적었다. "시인은 비범하고도
이성적인 방식으로 오랫동안 감각을
엉망으로 만듦으로써 예언자가 되는 거야."
파리에서 압생트는 그런 목적을 위해 언제든
준비된 수단이었다.

랭보를 묘사하면
늘 보이는 사기 파이프는
당시 인기 있었던 프랑스 브랜드인
스쿠플레르의 것이다.

두 시인이 1873년에
짧게 머물렀던
런던의 로열 칼리지 거리
8번지에 위치한 아파트

베를렌은 마틸드 모테와 결혼했지만,
랭보와 짧고 격렬한 연애를 하게
되었다. 베를렌은 젊은 시인의
끝없는 천재성과 도를 넘는 방탕한
행동에 매료되었다. 처음의 역할과는
정반대로 자신을 베를렌의 멘토라고
생각하게 된 랭보는 감정적인
부르주아 감성을 시에서 없애라고
늙은 시인을 다그쳤다.

1872년 베를렌은 아내와 어린
자식을 내팽개치고 랭보와 함께
프랑스 북부와 벨기에를 돌아다녔다.
하지만 두 사람은 자주 싸웠다.
결국 1873년 랭보는 휴식을 위해
베를렌에게서 도망치듯 떠나 가족의
농장이 있는 로슈로 향했다. 그는
그곳에서 긴 산문시 『지옥에서 보낸
한 철』의 대부분을 쓰게 되었다.

"술고래들".
1907년 프랑스의 정치 풍자 잡지인
『라시에트 오 뵈르』 표지에 등장한
(귀스타브앙리 조소가 그린) 베를렌의 모습

몇 주 뒤 랭보는 다시 베를렌과 만나 영국 런던과 벨기에를 여행했다. 폭풍이
몰아치듯 격렬했던 그들의 관계는 브뤼셀에서 지독한 결말을 맞았다. 술에 취한
베를렌이 질투심으로 차오르는 분노를 이기지 못하고 랭보를 권총으로 두 번
쏴서 그의 왼쪽 손목을 다치게 했던 것이다. 결국 체포된 베를렌은 2년 동안
교도소에 갇혔고, 그곳에서 보헤미안의 삶을 버리고 가톨릭 신자가 되기로 했다.

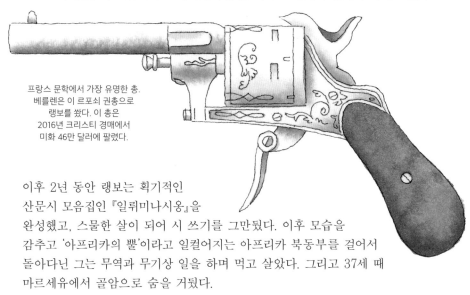

프랑스 문학에서 가장 유명한 총.
베를렌은 이 르포쇠 권총으로
랭보를 쐈다. 이 총은
2016년 크리스티 경매에서
미화 46만 달러에 팔렸다.

이후 2년 동안 랭보는 획기적인
산문시 모음집인 『일뤼미나시옹』을
완성했고, 스무한 살이 되어 시 쓰기를 그만뒀다. 이후 모습을
감추고 '아프리카의 뿔'이라고 일컬어지는 아프리카 북동부를 걸어서
돌아다닌 그는 무역과 무기상 일을 하며 먹고 살았다. 그리고 37세 때
마르세유에서 골암으로 숨을 거뒀다.

랭보의 온전한 시집은 1895년 베를렌의 감독을 거쳐 출간되었고, 죽은 시인은
이를 통해 유명해졌다. 압생트는 베를렌이 죽는 날까지 그의 가장 믿음직한
친구로 남았다. 그는 파리에서 가난하게 살다가 51세 때 알코올 중독으로 숨졌다.

미국에서의 압생트

압생트는 '북미의 작은 파리'로 불린 뉴올리언스를
통해 미국으로 들어왔다. 처음 압생트가 제공된 곳은
알레익스 커피 하우스라는 술집이었는데, 이곳은 곧
도시에서 '압생트 룸'이란 별칭으로 알려졌다. 그리고
1890년에 이 가게는 상호를 '올드 압생트 하우스'로
공식 변경했다.

새저랙

이 술집은 결국 도시의 명소가 되었다. 몇몇 주류 역사가가 미국에서 가장 오래된 칵테일이라고 여기는, 코냑과 압생트의 혼합물인 새저랙이 이곳에서 제공되었다. 새저랙은 마크 트웨인, 윌리엄 새커리, 월트 휘트먼, 오스카 와일드 등이 즐겨 마셨다.

도리언 '그린'의 초상

오스카 와일드는 압생트에 얽힌 전설에서 핵심적인
위치를 차지한다. 그가 압생트 덕을 본 것에 대해 몇 가지
인상적인 표현을 남겼기 때문이다. 하지만 이러한 언급은
그가 쓴 작품 어디에서도 찾아볼 수 없고, 그의 친구들과
동료 작가들이 전하는 이야기에서만 확인할 수 있다.

오스카 와일드

와일드는 잉글랜드에서 풍기 문란으로 옥살이를 한 뒤 1897년에 프랑스로 도망쳤다.『도리언 그레이의 초상』(1890)과『진지함의 중요성』(1895)을 선보인 이 유명 작가가 술고래인지는 알려지지 않았지만, 그는 도망친 프랑스에서 압생트를 접했을 것이다.

압생트에 관한 와일드의 가장 유명한 사색 중 하나는 그의 친구 애다 리버슨이 쓴『오스카 와일드가 스핑크스에게 보내는 편지: 작가에 얽힌 추억도 함께』(1930)에 드러나 있다. 와일드의 이야기는 압생트가 그것을 마시는 사람의 세상을 보는 눈을 어떻게 바꿔 놓는지를 나타낸다. "첫 잔을 마시면 모든 게 네가 바라는 것처럼 보이지. 두 번째 잔을 마시면 영 바라지 않던 것처럼 보여. 그러다가 마침내 모든 게 있는 그대로 보이고 말아. 그게 바로 세상에서 가장 끔찍한 일이지."

뭐?

에드거 앨런 포를 두고 계속 떠돈 근거 없는 풍문들 중에는 그가 무지막지하게 압생트를 마시는 사람이었다는 이야기가 있다. 이 소문이 진짜라면 그의 혼란스러운 이야기가 어떻게 나왔는지 완벽하게 설명할 수 있다. 하지만 그가 압생트를 마셨다거나 그런 술이 있다는 걸 알았다는 증거는 그 어디에도 없다.

병 속의 악마

1800년대 말, 압생트가 인기를 얻자 사회는 압생트에 과민하게 반응했다. 압생트 자체를 사회의 위협으로 여겨 반대하는 움직임도 있었다. 1970년대에 널리 퍼진 펜시클리딘[●]이나 1930년대 영화《마리화나 광기》[◆]가 일으킨 극심한 공포처럼, 압생트를 마시고 나타나는 온갖 난폭하고 괴상한 행동은 술 자체가 정신에 미치는 악영향 때문이라는 주장이 있었다. 압생트는 (향쑥유의 유효 성분인) 투욘이라는 화학적 독소를 포함하는데, 사람들은 이 투욘이 중추 신경계를 붕괴시킨다고 믿었다.

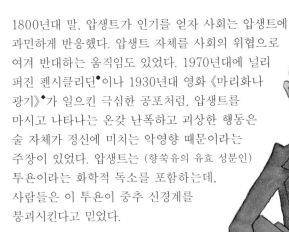

1869년 런던의 석간신문『폴 몰 가제트』에 실린 약학 기사는 압생트 음주의 부작용을 다음처럼 자세히 알린다.

> 잠시 후 소화 기관에 혼란이 생긴다. 이제는 끊임없는 불쾌함과 괴로운 불안감이 뒤따른다. 어지럽고 귀가 얼얼하다. 날이 저물자 환각이 보이고 환청이 들리기 시작한다. 그의 뇌는 일종의 나태에 빠지고, 이는 백치에 가까워짐을 뜻한다. 결국 그는 모든 지성을 잃고 전신이 마비된 채 죽는다.

● phencyclidine. 정맥 주사용 마취제로 개발되었으나 '천사의 가루'라는 별칭으로 더 잘 알려진 환각제
◆ 마리화나에 중독된 고등학생들이 온갖 기행과 범죄를 저지르고 다니는 내용을 자극적으로 그린 선전용 영화

빈센트 반 고흐의 경우, 압생트를 마시면서 투욘을 섭취하는 바람에 원래 있던 정신병이 악화되어 1888년에 스스로 귀를 자르게 된 게 아니냐는 주장이 빈번히 나오기도 했다. 진실은 절대 알 수 없겠지만, 고흐가 스스로 귀를 자른 이 사건은 나중에 반反압생트 운동 선전에 활용되었다.

빈센트 반 고흐

잉글랜드 소설가 마리아 코렐리가 쓴 『향쑥: 파리의 드라마』 (1890)는 어느 전도유망한 젊은 파리 남자가 매혹적이고 궁극적으로는 파괴적인 압생트의 힘에 사로잡히는 모습을 그린다. 환락, 살인, 자살, 중독을 선정적으로 묘사한 이 소설은 영국인들의 프랑스 혐오와 세기말 파리의 방탕한 모습에 매료된 대중의 취향에 잘 영합했다.

"압생트는 죽음!"
1905년 F. 모노가
그린 포스터

1905년 스위스 농부 장 랑프레는 와인, 코냑, 압생트를 마시고 만취한 뒤 아내에게 총을 쐈다. 언론은 이 사건을 선정적으로 다루며 '압생트 살인'이라 불렀다. 유럽의 금주 운동은 이 사건에 달려들어 압생트가 건강에 위험할 뿐 아니라 도덕적으로도 퇴폐를 불러온다고 주장하며 압생트를 악마 취급했다. 공포에 사로잡힌 대중은 정부에 압생트를 금지해 달라고 탄원을 넣기에 이르렀다. 결국 1905년에 벨기에는 압생트를 불법으로 규정했고, 1910년엔 스위스와 네덜란드가, 1912년엔 미국이 같은 절차를 밟았다. 프랑스는 압생트 수요를 억제하고자 압생트에 부과하는 세금을 늘리려 했지만(1907년 프랑스는 압생트만으로 국고에 6천만 프랑을 채워 넣었다), 1915년 여론에 굴복하며 압생트를 금지하고 말았다.

반反향쑥 법에 순응할 수밖에 없던 압생트 생산자 페르노는 1922년 그 유명한 파스티스를 선보였는데, 이것은 오늘날까지 인기를 누리고 있다. 파스티스의 경우, 압생트의 아니스 특징을 유지하되 향쑥은 사용하지 않았다.

1910년 알베르 간트너가 그린 풍자 포스터 〈살해당한 요정〉. 간트너는 금주 분위기가 팽배한 스위스에서 압생트가 금지당하자 이를 비판적으로 봤다. 포스터에 등장하는 푸른 십자가는 강력한 영향력을 행사했던 금주 단체 라 크루아 블뢰의 상징이다.

헤밍웨이와 압생트

금지 조치 이후, 파리에서 압생트는 불법으로 구할 수밖에 없었다. 하지만 어니스트 헤밍웨이는 압생트를 여전히 합법으로 둔 몇 안 되는 유럽 국가인 스페인에서 일하는 동안 처음으로 압생트를 접했을 가능성이 크다.

초록빛 요정은 『태양은 다시 떠오른다』에 등장한다. 이야기 중 브렛 애슐리가 스페인 투우사와 밀회했음을 확인한 제이크 반스는 고통을 달래고자 압생트를 마신다.

1940년 뉴욕의 찰스 스크라이브너스 선스 출판사에서 출간한 『누구를 위하여 종은 울리나』 초판

헤밍웨이는 1930년대 후반 스페인 내전을 다루는 기자로 일할 때 압생트를 즐겼을 것이다. 그가 스페인 내전에서 겪었던 경험에서 영감을 받아 쓴 소설 『누구를 위하여 종은 울리나』(1940)에서 압생트는 다시 등장한다. 소설에서 로버트 조던은 전쟁을 잠시 잊고자 들른 매점에서 압생트를 홀짝이는데, 이때 이런 묘사가 등장한다. "석간신문을 읽으며 저녁을 보냈던 일, 카페에서 시간을 보낸 오래전 저녁, 이번 달이면 활짝 꽃을 피울 밤나무, 이 모든 걸 압생트 한잔이 대신했다. 이 불투명하고, 쓰고, 혀를 마비시키고, 머리와 속을 데워 주며, 생각을 바꿔 주는 신비한 액체를 맛볼 때마다, 그는 예전에 즐기다 잊었던 모든 걸 다시 떠올리게 되었다."

1935년 출간된 『딸기코: 오후에 부는 숨결』이란 책은 유명 작가들이 제공한
칵테일 제조법을 모아 선보였는데, 여기엔 헤밍웨이가 "오후의 죽음"이라
불렀던 칵테일 제조법도 포함되었다. 이 칵테일은 스페인의 투우를 다룬
1932년 소설 『오후의 죽음』에서 그 이름을 따왔다. "지거●에 압생트를 담아
샴페인 잔에 붓는다. 얼린 샴페인을 압생트가 제대로 유백색을 낼 때까지
넣는다. 이렇게 만든 걸 천천히 세 잔에서 다섯 잔까지 즐긴다."

이 제조법 끝부분에 편집자는 이런 의견을 적었다. "이 칵테일을 여섯 잔
마시니 '태양이 다시 떠올랐다.'"

● *jigger*. 칵테일을 만들 때 용량을 재는 도구. 보통
30밀리리터와 45밀리리터를 잴 수 있게 되어 있다.

초록빛 요정의 부활

압생트를 보는 대중의 시각이 변하면서 압생트를 금지한 법은 완화되거나 아예 폐지됐다. 1988년 유럽 공동체는 압생트를 합법으로 규정하면서 킬로그램당 투욘이 10밀리그램을 넘어서는 안 된다는 조건을 달았다. 현대의 압생트 부흥은 1990년대 영국 수입사 BBH 스피리츠가 촉발했다. 이들은 영국에서 공식적으로 압생트가 금지된 적이 한 번도 없었다는 걸 알아채고 체코에서 힐스 압생트라는 제품을 수입하기 시작했다. 이들이 내세운 이 '보헤미안 스타일 압생트'는 고전적인 압생트와는 비슷한 점이 거의 없었지만, 많은 브랜드로 하여금 과거의 제조법에 더욱 충실할 수 있도록 그 길을 닦았다.

2005년 압생트의 발생지인 스위스는 압생트를 합법으로 규정하며 제조와 판매를 허용했다(오랜 기간 불법 압생트 생산이 이뤄진 뒤의 일이었다). 그리고 2007년 증류업자들과 유통업자들의 압력에 굴복한 미국은 금지 조치를 해제한 마지막 주요 서양국이 되었다. 2007년 말 캘리포니아주의 세인트 조지 증류소에서는 미국의 첫 압생트 브랜드인 세인트 조지 압생트 버트를 선보였다. 이로써 새로운 시장이 열린 것을 확인한 미국 전역의 수많은 소규모 증류소에서는 현재 압생트를 생산하고 있다.

보헤미안들의 불가사의한 뮤즈로서 압생트가 누린 전성기는 오래전에 끝났다. 하지만 오늘날 유행에 민감한 사람들은 이 전설적인 술에 호기심을 보이고 있고, 압생트는 그런 상황을 소소히 즐기며 부활하고 있다.

MEZCAL &
TEQUILA

메스칼·테킬라

제7장

테킬라, 전갈의 꿀이자 황량한 땅의 거친 이슬이며, 아즈텍의 정수이자 선인장의 크레마. 테킬라, 녹아내린 태양처럼 뜨겁고 기름진 술. 테킬라, 액체로 된 열정의 기하학. 테킬라, 승천하는 죽은 처녀들의 영혼과 공중에서 성교하는 독수리 신. 테킬라, 훌륭한 취향으로 지어진 집에 들어간 방화범. 아아 테킬라, 마법으로 태어난 사나운 물. 너의 교활하고 반항적인 방울방울이 유발하는 혼돈과 해악이란!
— 톰 로빈스, 『딱따구리와 함께한 고요한 삶』(1980)

메스칼, 그리고 메스칼의 가장 잘 알려진 스타일인 테킬라는 콜럼버스의 아메리카 발견보다 수세기 앞서는 긴 역사를 자랑함에도 제1차 세계 대전 전까지 멕시코 외부에는 거의 알려지지 않았다.

아즈텍 시대(1350~1520) 후기에
풀케(용설란 술)를 담던 도기

아즈텍의 여신으로서
풍요와 용설란을 관장하는 마야우엘은
많은 가슴을 달고 있는 모습으로 자주 묘사된다.
이는 용설란의 우윳빛 수액과 관련 있다.

따라서 북미와 유럽의 현대 작가들이 창의력을 발휘할 수 있도록 도움을 줄 만한 메스칼의 배경 이야기는 이 책에 소개한 다른 술들의 이야기처럼 폭넓고 깊이가 있지는 않다. 오늘날 메스칼과 테킬라는 멕시코의 국가 정체성을 상징하는 물건으로서 대단히 귀한 대접을 받고 있다.

메소아메리카의 신주^{神酒}

메스칼 이야기는 기원전
1000년경부터 시작한다.
아즈텍족, 마야족, 와스테크족과
다른 고대 메소아메리카 문화
공동체들은 용설란의 수액을
발효하여 풀케라고 하는 우윳빛
술을 만들었다. 고대 신화에
따르면 이 신성한 음료는 아즈텍의
신 케찰코아틀이 인류의 사기를
북돋우려고 선물로 내린 것이었다.
풀케는 오늘날의
메스칼과 테킬라의
전신이다.

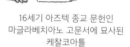

16세기 아즈텍 종교 문헌인
마글라베치아노 고문서에 묘사된
케찰코아틀

에르난 코르테스

아즈텍 제국 토박이들은 1521년
에르난 코르테스 일행이 도착하여
자국을 유린하기 전까지 2천 년
넘게 그 술을 독점했다. 스페인
정복자들은 강간과 약탈을 하는
사이에 짬을 내어 그 지역 술을
즐겼다.

그들은 풀케를 스페인으로
싣고 돌아가려고 했을 정도로
좋아했다. 하지만 용설란의
박테리아 요소 때문에 풀케는
너무 빨리 상해서 대서양을
건너는 긴 항해를 버틸 수 없었다.

멕시코의 초기 증류소들

1600년대 알타미라 후작은 첫 대규모 테킬라 증류소를 현재의 할라스코주 테킬라 지역에 지었다. 이 지역은 그 기후와 붉은 화산토로 푸른 용설란 재배에 이상적이었다. 오늘날 최대 규모의 테킬라 브랜드 두 곳은 18세기와 19세기에 첫선을 보였다.

그중 첫 번째가 호세 쿠에르보다. 1795년 호세 마리아 과달루페 데 쿠에르보가 스페인 왕에게서 처음으로 메스칼 생산을 인가받기 전부터, 쿠에르보 가문은 몇십 년 동안 메스칼을 생산했다. 그러고 나서 1873년 사우사 가문이 푸른 용설란으로 만든 술을 '테킬라'라고 칭한 최초의 증류업자가 되었다. '테킬라의 아버지'라는 별칭으로도 불리는 돈 세노비오 사우사는 푸른 용설란이 메스칼을 생산하는 데 가장 좋은 종임을 깨달았다.

푸른 용설란

미국, 테킬라를 만나다!

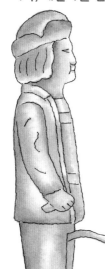

돈 세노비오 사우사는 미국에 처음으로 테킬라를 수출했던 인물이다. 1893년 그는 '시카고 세계 박람회'라고도 알려진 미국 세계 박람회에 테킬라를 비노 메스칼이라는 이름으로 소개했다. 리글리의 주시 프루트 껌, 크래커 잭과 함께 첫선을 보인 사우사의 테킬라는 총 일곱 개의 상을 받았다.

1916년 제1차 세계 대전 중 미국군은 미국과 멕시코 국경을 따라 훈련하며 멕시코 도시 티후아나, 후아레스, 누에보 라레도, 마타모로스에서 테킬라를 접했다. 테킬라는 금주법 시행 기간에 밀수업자들이 텍사스 남부 국경을 통해 불법으로 들여와 인기를 얻었고, 제2차 세계 대전 중 해외 주류 배송량이 줄면서 그 혜택을 받기도 했다.

크리스토퍼 콜럼버스의 형상을 한 금속제 코르크 마개뽑이. 1893년 미국 세계 박람회에서 얻을 수 있는 여러 기념품 중 하나였다.

제2차 세계 대전이 끝나고 10여 년이 지난 1958년, 로큰롤 밴드인 챔스가 싱글 B면에 라틴풍의 기악곡 〈Tequila(테킬라)〉를 발표하면서 테킬라는 대중문화의 정점에 섰다. 이 곡은 빌보드 팝 차트에서 1위에 올랐다.

금주법 시대에 테킬라 밀수업자들은 노새나 당나귀 한 마리당 테킬라 50병을 운반하도록 했는데, 이때 등에 올리는 자루들은 노끈으로 단단히 묶었다. 이는 유리병이 서로 부딪혀 내는 소리를 죽여서 들키지 않기 위함이었다.

메스칼 맨

서양 문학에서 메스칼을 언급한 가장 훌륭한 소설은
맬컴 라우리가 1947년에 발표한 『화산 아래서』다.
라우리는 거의 10년 동안 집필을 반복했다. 『화산
아래서』의 사건은 1938년 11월 2일에 벌어지는데,
이날은 멕시코의 명절인 '죽은 자의 날'이다. 소설은
콰우나와(나와틀족이 쿠에르나바카를 부르는 명칭)이라는
작은 멕시코 도시에서 영국 영사로 근무하는 제프리
퍼민의 최후를 자세히 그린다. 불운한 알코올
중독자인 퍼민은 메스칼의 부채질로 나타난 꿈의
세계에서 산다. 그 세계는 메스칼의 향정신성
영향력이 만든 신화로 움직인다. 퍼민에게
메스칼은 고통을 무디게 할 뿐 아니라 진실과
아름다움이 드러나는 순간을 전달해 주기도 하는 물건이다. "잡히지 않는
절묘함을 드러내는 갈기갈기 찢긴 빛을 통해, 하늘에 뜬 무지개에서 분리된
조각들 사이로 떠다니는 안개는 전부 춤을 추는 것처럼 보였다."

T. S. 엘리엇의 『황무지』와 제임스 조이스의 『율리시스』에서 영향을 받아
난해하고 암시적인 산문 스타일로 쓰인 이 소설은 모던 라이브러리 출판사
선정 20세기 최고 소설 100선에서 11위에 올랐다.

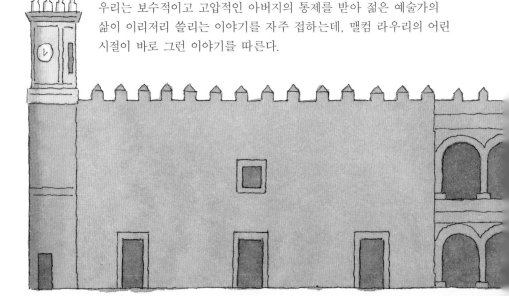

우리는 보수적이고 고압적인 아버지의 통제를 받아 젊은 예술가의
삶이 이리저리 쏠리는 이야기를 자주 접하는데, 맬컴 라우리의 어린
시절이 바로 그런 이야기를 따른다.

부유한 면직물 중개인의 아들로 태어난 라우리는 잉글랜드 케임브리지 근처의 레이스스쿨에서 인격 형성기(1923~1927)를 보냈다. 이 학교는 제임스 힐튼의 유명 소설이자 연극인 『굿바이 미스터 칩스』(1934)의 무대가 되기도 한 곳이다. 그는 학교생활 중에 자신의 삶을 좌우할 두 가지 열정을 발견했는데, 바로 글과 술이었다. 들리는 말로는, 그는 열네 살 때부터 술을 마시기 시작했다고 한다.

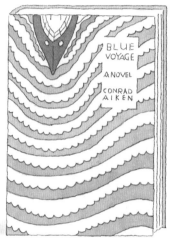

1927년 런던의 제럴드 하우 출판사에서 출간한 『푸른 항해』의 영국 초판. 라우리는 이것을 손에 넣었을 것이다.

이후 라우리는 인생 경험을 쌓고자 극동으로 가는 증기선에 갑판 선원으로 올랐고, 케임브리지의 세인트캐서린스칼리지에서는 학업에 몰두했다.

스무 살이 된 라우리는 자신이 우상으로 여기던 미국의 시인이자 소설가인, 그리고 마찬가지로 술꾼인 콘래드 에이컨에게 자신의 감정을 절절히 담은 팬레터를 보냈다. 이를 통해 두 사람은 평생 가는 우정을 쌓기 시작했다. 라우리의 첫 소설 『군청색』(1933)의 제목은 그가 무척 좋아했던 에이컨의 1927년 소설 『푸른 항해』를 익살 맞게 참조한 것이었다.

1526년에 지어진 쿠에르나바카의 코르테스 궁전. 정복자 에르난 코르테스의 요새화한 거처였다

에이컨과 함께한 스페인 여행에서
라우리는 자신의 첫 번째 부인인
미국인 잰 게이브리얼을 만났다.
그들은 1934년 프랑스에서
결혼했지만, 부부 관계는
라우리의 음주 습관 때문에
싸움으로 점철되었다.

2년 뒤, 별거 후의 부부 관계를 회복하려는
마지막 시도로 두 사람은 멕시코 오악사카주의
도시 쿠에르나바카로 이주했다.

오랜 전통을 자랑하는 메스칼의 고향에 살게 된 라우리는 그
지역의 용설란 증류주를 마음껏 즐겼다. 1930년대의 메스칼엔
지금의 메스칼이 지닌 부드러운 질감이 없었다. 그래서 『화산
아래서』에서 제프리 퍼민은 메스칼을 마시고 "철조망이 9미터는 이어지는
것 같다"는 소감을 남겼다. 대다수의 술고래와는 달리 라우리는 취중에
헌신적으로 글을 썼고, 자신의 수기 노트를 최소 네 페이지는 쓰고 술집을
떠나곤 했다.

『화산 아래서』의 다른 부분에서 라우리는 술집의 높은 의자에 앉은 영국
영사의 관점을 이렇게 묘사한다. "바 뒤에는 메스칼을 담은 아름다운
오악사카산 단지인 메스칼 데 오야가 꽉 물린 회전 고리에 매달려 있었다. 그의
술은 여기서 나온 것이었다. 이 단지 양쪽으로는 테남파, 베레테아가, 테킬라
아네호 병이 서 있었다. 이곳에서 그는 안전했다. 이곳이 바로 그가 사랑하는
장소였다. 성지이자, 절망 중에 찾은 낙원이었다."

라우리의 아내는 1년 후 그의 곁을 떠났다. 깊은 절망에 빠진 라우리는 그런 상황에서도 힘을 내어 『화산 아래서』의 초고가 되는 글을 발전시켰다. 하지만 과도한 음주로 결국 오악사카주 교도소에 갇혔고, 1938년엔 강제 추방되었다.

1930년대 오악사카주에서 보이던
바로 네그로('검은 점토') 메스칼 단지

마저리 보너

로스앤젤레스로 이주한 라우리는 그곳에서 『화산 아래서』의 초고를 계속 썼다. 그리고 원고를 팔고자 대리인을 고용했지만 출판사 열두 곳에서 거절만 당했다. 이렇게 힘든 상황에서 그는 추리 소설 작가가 되려던 마저리 보너를 만나 사랑에 빠졌다. 미국 비자의 유효 기간이 끝난 후, 라우리는 북쪽 국경을 건너 마침내 캐나다 브리티시콜럼비아주 달러튼에 위치한 옛적 개척자가 쓰던 오두막에 머무르게 되었다. 보너도 곧 그를 뒤따랐고, 그들은 1940년 12월 2일에 결혼했다. 결혼 생활을 하며 여러 차례 갈등이 있었음에도 두 사람은 거의 15년을 캐나다에서 함께 보냈다. 이는 라우리의 삶에서 가장 행복한 때였다.

라우리는 자신의 대표작을 수정하는 데
전념했고, 보너는 편집에 크게 이바지했다.
에이컨에게 보내는 편지에서 라우리는 "우리는
밤낮을 가리지 않고 함께 작품을 썼다"고 밝혔다.
결국 1944년 말, 최종 초고가 완성되었다.

판화가 J. G. 포사다가 1910년에 선보인
〈칼라베라 오약사케나〉. '죽은 자의 날'에
등장하는 해골을 묘사했다.

『화산 아래서』는 1947년에 출간되어 대대적인
찬사를 받았고, 이 작품의 위상은 시간이 갈수록
높아만 갔다. 라우리는 조이스의 후계자로 불리며
유명세를 탔지만, 술 때문에 그것을 곧 잃고
말았다. 장모에게 보내는 편지에 그는 이런 말을
남겼다. "진지한 작가에게 벌어질 수 있는 최악의
상황은 아마 성공일 겁니다."

그는 『화산 아래서』 같은 책을 다시는
쓸 수 없을 것 같다고 걱정했는데, 그의
생각은 옳았다. 이후로도 그는 다른
작품을 여럿 썼지만 출간하지는 못했다.

커플이 1년 동안 유럽을 돌아다니는 사이에
그의 술버릇은 악화되었다. 프랑스에서
라우리는 마저리를 목 졸라 죽일 뻔하기도
했다. 그들은 1949년에 달러튼으로
돌아왔다. 라우리는 잠시나마 술에 손을
대지 않고 F. 스콧 피츠제럴드의 『밤은
다정하지』의 영화 대본을 공동 집필하기도
했다. 여기에 MGM이 흥미를 보였지만,
영화가 상영되는 일은 없었다. 1954년
부부는 달러튼을 영원히 떠나 잉글랜드의
서식스에 자리를 잡았다. 라우리는
그곳에서 알코올 중독 치료를 받았다.
마저리 역시 신경 쇠약으로 치료를 받았지만
만성적인 불행에 시달렸다.

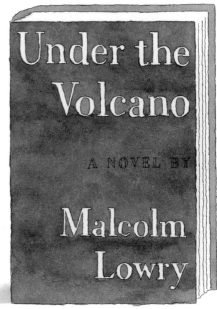

Under the
Volcano

A NOVEL BY

Malcolm
Lowry

1947년 레이널 앤드 히치콕 출판사에서
출간한 『화산 아래서』 초판

1957년 6월 26일 라우리는 기이한 상황에서 숨을 거뒀다. 부부는 라이프 마을의 작은 집을 빌려 살고 있었는데, 아내가 집의 2층에서 그의 시신을 발견했다. 부검 결과 라우리의 신경계에서 알코올과 진정제 성분이 발견되었다. 검시관은 공식 사인을 사고사로 결론지었다.

라이프 마을의 화이트 코티지.
라우리가 생을 마친 곳이다.

라우리와 친밀한 관계에 있던 사람들은 자살은 말도 안 된다고 생각했다. 2004년 고든 보커는 문학 평론지 『타임스 리터러리 서플먼트』에 기고한 글에서, 마저리가 오랜 세월 라우리의 상스러운 행동을 견디지 못해 그를 죽였을 수도 있다고 밝혔다. 실제로 그녀는 남편의 숙취를 완화하고자 비타민을 권하는 오랜 습관을 갖고 있었다. 별 의심을 않는 작가에게 마저리가 비타민 대신 먹으면 죽는 약을 주는 일은 쉬웠을 거라는 게 보커의 주장이다.

라우리의 묘비에는 생전에 그가 적어 두었던 글이 새겨졌다.

> 맬컴 라우리
> 최근까지 바워리 거리에서 지내던
> 그의 산문은 화려하게 꽃피웠고
> 때로는 눈부시기까지 했다.
> 그는 밤에 살았고, 매일 술을 마셨고,
> 우쿨렐레를 연주하며 죽었다.

화이트 코티지의 기념 명판

라우리는 자신의 도를 넘는 행동들을 돌이켜보며 이런 글을 남기기도 했다. "술꾼의 고뇌는 자신의 힘을 남용한 신비주의자의 고뇌 속에서 자신의 가장 정밀한 시적 유사체를 발견한다."

테킬라 대 메스칼

메스칼mezcal이라는 단어는
'mexcalli(멕스칼리)'라는
나와틀어(아즈텍의 언어)에서
온 것으로 '가마에서 요리한
용설란'이라는 뜻이다. 실제로
메스칼은 용설란으로 만든
술이다. 그리고 스카치위스키와
버번위스키가 위스키의 일종인
것처럼, 테킬라도 메스칼의
일종이다. 메스칼은 30종 이상의
용설란으로 만들 수 있는데, 그중
테킬라는 반드시 푸른 용설란으로
만들어야 한다.

멕시코의 다섯 개 지역에서 생산되는
테킬라는 주로 할리스코주의 도시
테킬라 인근의 특정 지역에서 생산되고,
멕시코의 아홉 개 지역에서 생산되는
메스칼은 대부분 오악사카주에서
만들어진다. 메스칼 데 테킬라는 지리적
기원으로 성문화되고 공인된 최초의
메스칼이자, 고유 명칭으로는 세계적으로
인정받는 유일한 메스칼이다. 테킬라와
메스칼은 피냐라는 용설란의 속으로
만들어지는데, 증류 방식은 서로 다르다.
현대의 테킬라는 용설란을 증기로 천천히
처리하고 구리 증류기에서 여러 번 증류한다.

히마도르는 코아 데 히마(수확용 괭이)라는
원시적인 작업 도구를 써서 용설란을 수확한다.
용설란의 속, 즉 피냐는
메스칼과 테킬라를 생산하는 데 쓰인다.

오늘날 장인이 만드는 메스칼은 전통적인 방식으로 생산된다. 용설란은 지하
구덩이에서 태운 다음 상부를 열어 둔 통에서 자연 효모로 발효되고 점토
증류기에서 증류된다. 앞서 말한 구덩이는 내부에 화산암이 줄지어 붙어 있으며,
나무와 숯으로 채워진다. 메스칼에서 나는 특유의 스모키함은 이렇게 생긴다.

캘리포니아주 남부에 거주하는 예술가이자 메스칼 수입업자인 론 쿠퍼는 메스칼의 부흥에 이바지한 인물로 꼽힌다. 그는 용설란을 증기와 열로 처리하는 것의 차이가 무엇인지를 이렇게 설명했다. "테킬라는 양파를 삶는 것으로 시작하는 거예요. 메스칼은 잘 구워서 캐러멜처럼 변한 양파로 시작하는 거고요."

멕시코 출신 작가이자 저널리스트로 많은 존경을 받는 엘레나 포니아토우스카는, 2015년 인터뷰에서 테킬라와 메스칼 중 어떤 걸 선호하느냐는 질문에 이렇게 대답했다. "테킬라죠. 저는 보수적인 사람입니다."

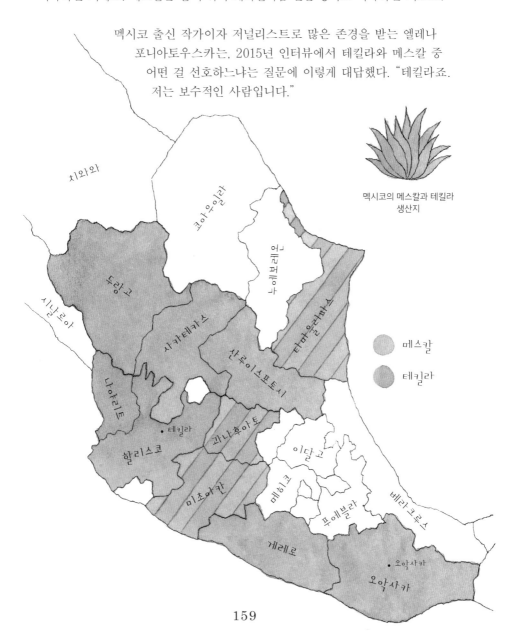

멕시코의 메스칼과 테킬라
생산지

치와와

코아우일라

어

두랑고

시날로아

사카테카스

나야리트

산루이스포토시

타마울리파스

테킬라

과나후아토

이달고

베라크루스

할리스코

미초아칸

메히코

푸에블라

게레로

오악사카

오악사카

메스칼

테킬라

159

멕시코 여행

'윌리엄 텔'
윌리엄 버로스

조앤 볼머

테킬라는 비트 세대와 짧으면서도 추악한 관련이 있다. 이들의 문학 운동에서 가장 상징적인 두 사람인 잭 케루악과 윌리엄 S. 버로스는 국경 남쪽에서 오랜 시간을 보냈다. 케루악은 한때 마르가리타를 즐기면서 이렇게 말했다. "취하려고 마시지 말고, 삶을 즐기기 위해 마시라니까." 그리고 버로스는 평소에 마시는 보드카 앤드 코크의 이국적인 대체 음료로 테킬라를 마시곤 했다.

1951년 버로스와 그의 사실혼 아내인 시인 조앤 볼머는 멕시코시티에 살고 있었다. 그곳에서 그들은 싸구려 테킬라를 마시고 종일 취해 있는 습관을 갖게 되었다. 그러던 그해 9월 6일 밤, 친구들과 과음을 한 버로스는 만취한 상태에서 권총을 휘두르며 아내에게 말했다. "윌리엄 텔 놀이를 할 시간이야." 그러자 볼머는 웃으면서 진이 담긴 잔을 자신의 머리 위에 얹었다. 다른 사람이 말리기도 전에 버로스는 조준 후 방아쇠를 당겼고, 총알은 그녀의 이마를 맞췄다. 사고로 규정된 그녀의 죽음은 버로스를 평생 괴롭혔다.

160

마르가리타

케루악은 1952년 애리조나의 국경을 넘어 멕시코시티로 가는 버스 여행 도중에 마르가리타를 접했을 것이다. 그는 1950년대와 1960년대에 멕시코로 여섯 차례나 넘어갔다. 그는 앨런 긴즈버그에게 마사틀란 해변에 앉아 쉬던 때가 "인생에서 엄청나게 신비로운 감정의 파문이 일던 때 중 하나"라고 말하기도 했다.

1940년대 이전에 멕시코 밖에서 살던 사람 중에 테킬라에 관한 이야기를 들어 본 사람은 극소수였다. 그래서 P. G. 우드하우스의 소설에 등장하는 인물 중 하나는 이런 말을 남기기도 했다. "그 뭐야, 사람들이 뭐라고 하긴 했는데 이름을 까먹었네. 여하튼 그 멕시코 술을 샷잔으로 하나 주세요. 여하튼 그 술을 마시면 머리 뚜껑이 들리는 것 같은 기분이 든다니까." 마르가리타는 그 모든 걸 바꿔 놓게 된다.

잭 케루악

마르가리타를 누가 발명했는지 확실히 아는 사람은 아무도 없다. 하지만 어디서 유래했는지에 대한 이야기는 무수히 많다. 발생지로 거론되는 곳으로는 멕시코의 아카풀코, 티후아나, 엔세나다, 후아레스, 그리고 미국의 갤버스턴, 샌디에이고 등이 있다. 마르가리타에 얽힌 유명한 전설로 1938년 멕시코 레스토랑 주인 카를로스 (대니) 에레라가 지그펠드 폴리스 쇼의 쇼걸 마저리 킹을 위해 마르가리타를 만들었다는 이야기가 있다. 그녀는 테킬라를 제외한 모든 술에 알레르기가 있어서 술을 있는 그대로 마실 수 없었는데, 그녀가 테킬라를 조금 더 맛있게 마실 수 있도록 에레라가 소금과 라임을 더했고 한다.

고전적인 프랑스 타블로이드 잡지의 표지를 장식한 할리우드의 신인 여배우 마저리 킹

칵테일 역사가 데이비드 윈드리치는 마르가리타가 데이지라고 하는 칵테일에서 진화했다고 본다. 1930년대와 1940년대에 인기를 끈 데이지는 갈아 둔 얼음 위에 기주인 진이나 위스키, 그리고 감귤류의 과즙과 그레나딘을 섞어 제공하는 것이었다. 처음에 테킬라 데이지는 오렌지 리큐어, 라임 주스, 그리고 약간의 소다로 만들어졌다. 미국에서 '테킬라 데이지'라는 표현이 처음 등장한 건 1936년의 일인데, 아이오와주 주간지 『모빌 메일』의 편집장 제임스 그레이엄이 멕시코 방문기를 쓰다가 이 용어를 사용한 것이었다. 그리고 '마르가리타'라는 칵테일의 제조법을 처음 소개한 인쇄물은 『에스콰이어』 1953년 12월호였다. 칵테일 순수주의자들이 배척하지만 늘 인기 있는 프로즌 (혹은 블렌디드) 마르가리타는 1950년대에 대중적으로 사용된 주방용품인 웨어링 사의 믹서기 덕에 등장할 수 있었다.

클래식 마르가리타(얼음과 함께 믹서기에 간 마르가리타가 아니다)

얼음
쿠앵트로, 혹은 트리플 섹 등의 오렌지
    리큐어 30밀리리터
블랑코 테킬라 60밀리리터
갓 짜낸 라임 주스 20밀리리터
잔 주위에 묻힐 코셔 소금(선택)
장식용 라임 조각

재료를 셰이커에 넣고 얼음을 채운 뒤 흔든다. 갓 꺼낸 얼음을 채우고 잔 주변에 (만약 한다면) 소금을 묻힌 차가운 칵테일 잔에 거름망을 대고 흔든 것을 붓는다. 결과물을 라임 조각으로 장식한다.

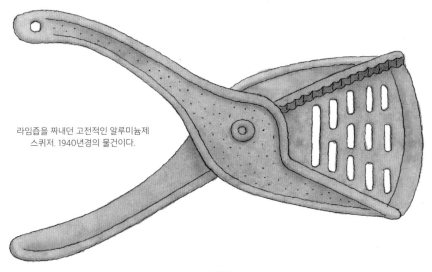

라임즙을 짜내던 고전적인 알루미늄제
스퀴저. 1940년경의 물건이다.

162

엘 붐

1960년대와 1970년대에는 '엘 붐El Boom'이라 알려진, 라틴 아메리카 문학에 대한 폭발적인 수요 증가 현상이 있었다. 가브리엘 가르시아 마르케스, 마리오 바르가스 요사와 더불어 엘 붐의 핵심 인물 중 한 명이 바로 멕시코의 위대한 문인 카를로스 푸엔테스였다.

그는 자신의 소설 중 가장 잘 알려진 『아르테미오 크루스의 죽음』(1964)에서 메스칼을 진실을 유도하는 일종의 문화적 혈청처럼 활용한다. 멕시코 혁명의 지키지 못한 약속을 드러내는 아르테미오 크루스는 술이 유발한 여러 번의 회상을 통해 젊은 군인으로서 대의라는 명목으로 저지른 잔혹 행위를 떠올린다. "어둠 속에서 그는 메스칼 병을 더듬었다. 하지만 잊으려고 마신 술은 기억을 되살렸다. 투명한 술이 속에서 타오르는 동안 그는 바위투성이 해변으로 돌아갈 것이다. 술은 거짓말, 그것도 아름다운 거짓말을 터뜨리듯 말하기 좋은 물건이었다."

카를로스 푸엔테스

벌레

테킬라엔 절대로 벌레가 들어가지 않는다. 하지만 보통 오악사카산인 특정 메스칼은 벌레를 넣은 (콘 구사노con gusano) 채로 팔린다. 여기서 말하는 벌레는 사실 용설란을 먹고 사는 나방의 유충으로, 이 벌레가 있으면 품질이 좋지 않은 메스칼이라는 뜻이다. 1940년대와 1950년대에 테킬라가 점점 인기를 얻자 상대적으로 줄어드는 메스칼 판매를 늘리기 위해 메스칼 벌레를 마케팅 수단으로 쓰기 시작했다는 게 일반론이다. 벌레를 먹은 뒤에 환각이 보인다거나 힘이 솟았다는 비논리적인 주장은 메스칼의 신비로움을 한층 더 강화하는 역할을 했다.

싸구려 오악사카산 메스칼의
여러 브랜드에 등장하는
구사노 로호gusano rojo('붉은 벌레') 그림

보호 구역에서

북미 원주민 혈통 작가인 셔먼 알렉시는 단편
소설·시 모음집『출전의 춤』(2009)으로 2010년
PEN/포크너 소설상을 받은 인물이다. 그는 북미
원주민 공동체에 술이 가져온 해악에 대해 글을
쓰곤 했는데, 워싱턴주 동쪽 스포켄 인디언 보호
구역의 알코올 중독자 가정에서 성장한 그도 한때
그런 가족들과 똑같은 행태를 보였다. 그는 대학생
시절에 하루에 테킬라 5분의 1 병을 마시곤 했다.

셔먼 알렉시

알렉시는 2009년 멀티미디어 포털 사이트 '빅
싱크'와 가진 인터뷰에서 술이 작가의 작업을 돕는지를 묻는 질문에 이렇게
대답했다. "제가 절망적이었던 때에 대해선 분명히 할 말이 많습니다.
적극적으로 술을 마시던 시기에 술은 몇몇 훌륭한 작품에 원천이 되었죠.
그런 작품들은 제가 두 권의 책을 내고 작가로서
경력을 쌓는 데 바탕이 되었습니다. 하지만 그런 삶을
지속할 수 없다는 게 문제죠. 창의성을 부채질하고자
어떤 물질을 쓰는 중이라면 아주, 정말로 아주 짧은
예술가의 삶을 살게 될 겁니다."

그는 스물세 살 때 술을 끊었다.

ENTERING
Spokane Indian
Reservation

"지금부터 스포켄 인디언 보호 구역"

164

국경의 미국인들

샘 셰퍼드는 테킬라에 보내는 찬가를
쓴 적은 없지만 자신의 작품에
등장하는 인물들처럼 테킬라를 즐긴
것으로 알려져 있다. 그가 1983년에
선보인 희곡 『사랑의 열정』에서 주인공
에디는 알코올에 중독된 카우보이로
나오는데, 이 에디의 곁에 늘 있는
친구가 바로 테킬라 병이다.

한편 코맥 매카시는 국경 지대를
배경으로 한 여러 소설을 썼는데,
이 소설들에서 나타나는 산문에선
구두점을 찾아보기 힘들다. 그리고 그런
산문 속에 바로 메스칼이 들어가 있다.

샘 셰퍼드

코맥 매카시

『핏빛 자오선』(1985)에서는 어느 멕시코 광장에서
한 남자의 머리가 잘린 채 "투명한 메스칼로
가득한 커다란 유리병 속을" 떠다니는 것을
군중이 바라보는 모습이 묘사된다. 『모두 다 예쁜
말들』(1992)에 등장하는 젊은 카우보이들은 서로
많은 술을 공유하는데, 한 장면에서 경찰서장이
등장해 이런 이야기를 들려준다. "나는 그
카우보이 친구들하고 함께 시간을 보냈지.
메스칼과 온갖 걸 가지고 있더라고. 당신 메스칼이
뭔지는 알아? 이 여자도 있었어. 그 친구들은 이
여자하고 놀러 나갔다고. 그러니까 그 친구들이 이
여자를 데리고 있었단 말이야."

『국경을 넘어』(1994)의 주인공 빌리 파햄은
메스칼을 거부한다. "미국 위스키가 얼마나
훌륭한지 알려 주려고 냄새나는 고양이 오줌을
마시라는 건가요? 그럼 그렇게 하시죠."

소금과 라임

오늘날 용설란으로 만든 술은 전에 없던 인기를 누리는 중이다. 유행의 최첨단을 걷는 바와 고급 주류를 취급하는 주류 판매점은 소량으로 만들어 조금씩 음미해야 하는 테킬라와 테루아를 반영한 메스칼을 다양하게 선보이고 있다. 게다가 이런 제품들은 숙성에도 차이가 있어 복합성과 세련미의 정도가 무척 다양하다. 하지만 스시가 인기를 얻으며 참다랑어 남획을 유발했던 것처럼, 오늘날의 메스칼 붐은 희귀한 야생 용설란 종의 지나친 수확을 부추기고 있다.

초기에는 무뢰한들이나 마시고 몸만 망치는 싸구려 술이라는 평판을 들은 메스칼이 얼마나 오랜 길을 걸었는지 확인하려면, 킹슬리 에이미스가 1983년에 출간한 『일상의 음주』에서 테킬라에 관해 남긴 언급을 확인하면 된다. 그는 "다른 술과는 달리 일부러 단독으로 마실 술은 절대 아니다"라고 이야기하면서 세계 어디에서나 보이는, 봄 방학을 즐기는 여행자들이 테킬라를 마시는 전통적인 방식을 소개했다. 그것은 바로 샷잔에 테킬라를 미리 따라 둔 상태에서 왼쪽 손등에 소금을 올리고, 오른손엔 라임을 들고 있는 것이었다.

RUM

럼

제8장

럼과 진정한 종교만큼 영혼을 차분하게 하는 건 단언컨대 어디에도 없다.
— 조지 고든 바이런, 『돈 후안』(1819)

어떤 술도 럼처럼 부침을 자주 겪지는 않았다.
럼은 오랜 세월 동안 싸구려 술이라는 평을
받기도 했고, 격조 높은 영약이라는 평을
받기도 했다. 그러다가 20세기에 마술 같은
혼합용 음료로서 지위를 확고히 했다.

아메리카 식민지 주민들은 위스키를 더
좋아하게 되기 전까지 럼을 질려하지 않았다.
럼은 금주법이 시작되었을 때 크게 유행하기도
했는데, 이 유행은 주류 밀매업자들이 저렴한
럼에서 별 이윤을 얻지 못하자 캐나다에서
위스키를 들여오면서 끝났다.
하지만 회복력이 좋았던 이
술은 1934년 할리우드에 돈
더 비치코우머라는 레스토랑이
개업하면서 부활했다. 이
레스토랑의 폴리네시아풍 칵테일 라운지가 럼을 기주로 한
열대음료를 선보임으로써 남태평양 분위기를 물씬 풍기는
티키 문화●를 미국에 전파했던 것이다. 제2차 세계 대전 이후
사람들이 남태평양에 매혹되어 있었기 때문에, 이 흐름은 활기를
얻어 1960년대에 정점에 이르게 되었다. 이후 티키 문화의
인기는 시들었지만 1990년대 중반에 다시 한 번 부활했고,
오늘날 또다시 부활하게 되었다.

럼은 이따금 인기의 정점을 누리기도 했지만 위스키, 진,
보드카가 형성하는 증류주 3자 연합보다는 늘 못한 취급을
받았다. 이런 현상은 문학계의 음주 문화에서 럼의 영향력이
비교적 작다는 점에서도 잘 드러난다.

사카룸 오피키나룸,
혹은 사탕수수

농장 노예가
사탕수수를 벨 때
쓰던 칼

● Tiki culture. 이런 남태평양 분위기는 주로 바와 레스토랑 형태로 나타났다. 미국에선 1930년
대 캘리포니아주부터 이 문화가 퍼져 나가기 시작했다.

창피한 시작에서 뱃사람을
기분 좋게 하는 술이 되기까지

유럽 식민지 개척자들이 소총과 증류기를 들고
카리브해 지역에 왔을 때 위스키, 와인, 맥주를
만들 원재료는 쉽게 구할 수 없었다. 하지만
구세계의 증류 기술에 카리브해에서
풍성하게 자라는 작물인 사탕수수가
접목되는 건 시간문제였다.

농장 노예

서인도 제도 설탕왕

럼 생산은 16세기 말부터 19세기 초까지 이어진
대서양 삼각 노예 무역에서 핵심적인 역할을 했다.
노예, 당밀, 가공품과 함께 럼은 서아프리카,
카리브해, 아메리카 식민지, 유럽에서 거래되었다.
뱃사람의 삶과 럼이 역사적으로 관련된 것도 이런
상황으로 설명된다. 카리브해에서 활동한 뱃사람과
해적은 무척 쉽게 구할 수 있었던 럼을 기본으로
마셨다.

럼이라는 단어의 어원은 분명하지 않다. 하지만
발효된 당밀을 처음으로 증류한 곳은 소앤틸리스
열도의 작은 섬인 바베이도스의 설탕 농장으로
추정된다. 당밀은 설탕 정제 과정에서 나오는
부산물인데, 이 끈끈한 물질은 그것을 발효하여
술을 만들 수 있다는 발견 전까지 폐기물이자
처리하기 까다로운 물건으로 여겨졌다. 그러다가
럼 생산이 늘면서 당밀은 곧 액체 황금이나
마찬가지가 되었다.

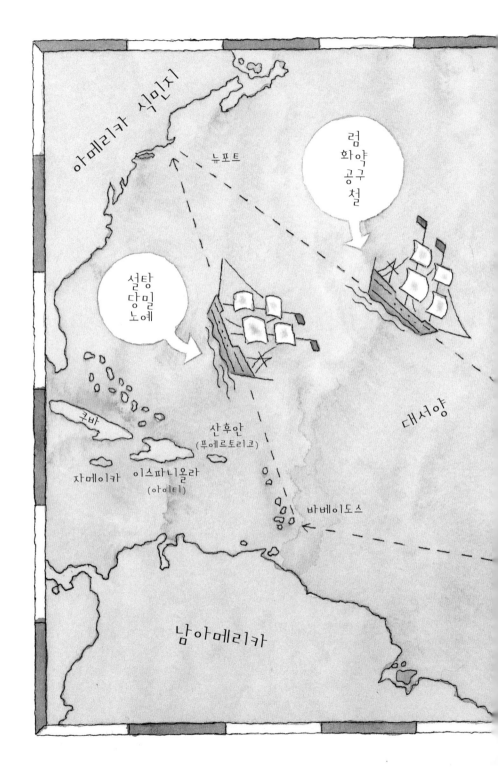

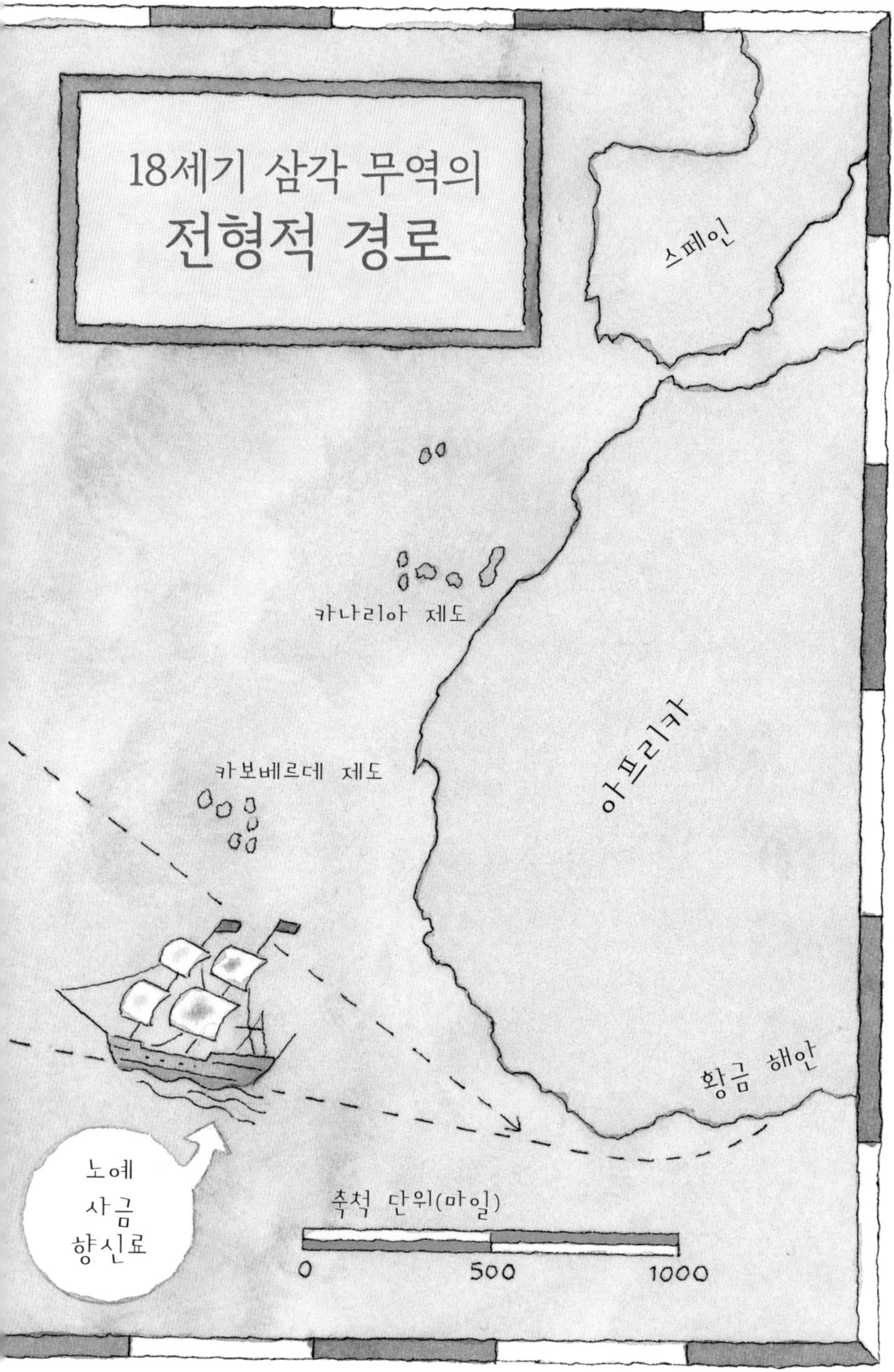

18세기 삼각 무역의
전형적 경로

스페인

카나리아 제도

카보베르데 제도

아프리카

황금 해안

노예
사금
향신료

축척 단위(마일)

0   500   1000

요호호, 럼주 한 병!

해적 문화와 이와 관련된 럼의 고전적 이미지를 확립하는 데 가장 큰 영향력을 미친 작가는 로버트 루이스 스티븐슨이다.

그의 모험 소설 『보물섬』(1883)은 X자가 표시된 보물 지도, 교차된 뼈들과 두개골이 그려진 깃발, 어깨에 앵무새가 앉은 외다리 뱃사람, 무인도로 밀려온 조난자 등 모든 요소를 갖췄다. 그리고 럼이라는 단어는 이 소설에서 70번 이상 언급된다. 1911년 N. C. 와이어스의 삽화를 특징으로 삼은 『보물섬』이 출간되자 스티븐슨의 상상은 대중의 상상 속에서 더욱 확고해졌고, 그렇게 『보물섬』은 여러 세대가 애독하는 상징적인 책이 되었다.

1911년 뉴욕의 찰스 스크라이브너스 선스 출판사에서 출간한 『보물섬』. 표지는 N. C. 와이어스가 그렸다.

스티븐슨이 살던 시절에 럼은 조잡한 술로 여겨졌다. 선장과 항해사들, 더 나아가 스티븐슨 본인이 마시는 세련된 와인과는 반응이 달랐다. 럼은 스티븐슨의 소설에 등장하는 해적들이 구현하는 무모함, 자기 파괴, 폭력을 상징했다. 『보물섬』 초반에 병든 해적 빌 본스는 의사의 지시를 무시하고 젊은 주인공 짐에게 럼을 조금 가져와 달라고 간청한다.

"의사는 모조리 얼간이들이야." 그가 말했다. "저 의사 친구가 뱃사람을 어찌 알겠어? 이봐, 나는 럼을 먹고 사는 사람이야. 럼은 나한테 더할 나위 없는 즐거움이자 마누라 같은 거라고. 지금 럼을 마실 수 없다면 나는 곤란하고 불쌍한 늙은 덩치일 뿐이야. 짐, 그렇게 되면 자네는 내 피를 흠뻑 뒤집어쓰게 될 걸. 저 의사는 얼간이라고."

목숨을 구한 그로그

뱃사람의 전형적인 음료이자 지금의 다이키리의 전신인 그로그는 1740년 영국 해군의 에드워드 버논 제독이 만든 것이다. 그로그는 기본적으로 럼을 라임 주스에 희석한 음료인데, 1500년부터 1800년까지 해군 전력을 사망케 한 주요 원인인 괴혈병에 대한 예방 수단이었다. 식용수가 없는 상황에서 선원들에게 계속 수분을 공급하는 효과도 있었다. 그로그라는 이름은 버논 제독의 별명인 '올드 그로그Old Grog'에서 온 것이다. 제독은 비바람을 잘 견딜 수 있도록 그로그램, 비단, 모헤어, 양모 등으로 만든 묵직한 외투를 입고 다녀 그런 별명으로 불렸다.

18세기 영국 해군이 쓰던, 동으로 만든 '2분의 1 질' 계량컵. 이 컵을 네 번 채우면 2분의 1 파인트가 되는데, 선원 개개인은 매일 그만큼의 럼을 배급받았다.

럼과 미국 독립 혁명

18세기 초가 되자 뉴잉글랜드 식민지들은 럼으로 가득찼다. 정착민들은 이제 스스로 럼을 증류했다. 남성과 여성, 그리고 아이들까지 연평균 11리터의 럼을 마셨다.

하지만 무역에서 수익이 줄어드는 게 썩 달갑지 않았던 영국인들은 소위 '설탕법'이라는 사탕 조례를 1764년에 제정했다. 이 법은 실제로 영국 식민지가 아닌 곳에서 수입되는 모든 당밀에 세금을 부과했고, 이로써 뉴잉글랜드에서 급속히 발전하던 럼 경제에 큰 지장을 초래했다. 하지만 이런 조치는 독립을 향한 열망을 부추기기만 했다.

트로픽 선더

하트 크레인

미국 작가 하트 크레인은 마이타이 칵테일을 좋아했던, 금주법 시기의 모더니스트 시인이었다. 그는 클리블랜드의 부유한 사탕 제조사 사장의 아들로 태어났는데, 그의 아버지가 운영하던 회사는 구명구를 발명하기도 했다. 하지만 역설적이게도 시인이 서른세 살 때 죽음을 선택하던 상황에서 구명구는 그와 함께하지 않았다.

크레인은 열일곱 살 때 고등학교를 중퇴한 후 자신을 뉴욕으로 보내 달라고 부모를 설득했다. 겉으로는 컬럼비아대학에 입학할 준비를 하겠다는 명분을 내세웠지만, 그는 대학 대신 그리니치빌리지로 가서 시인으로 유명해지고자 했다. 늘 야심이 가득했던 그는 자신이 "틀림없이 미국에서 가장 중요한 시인 중 한 사람이 될 것"이라고 공언하기도 했다.

그는 아버지로부터 현실적인 일을 하라는 고압적인 훈계를 줄곧 받았지만, (제임스 조이스의 『율리시스』를 연재한 문학지로 잘 알려진) 『리틀 리뷰』를 포함한 여러 유명 문학지에 자신의 글을 실었다.

크레인의 시집 『다리』(1930)에 영감을 준
뉴욕 브루클린 다리

20세기의 많은 미국 시인이 그랬던 것처럼, 크레인은 시 쓰기보다는 술을 마시는 데 더 많은 시간을 들였다. 그래도 그는 음주와 시작詩作이라는 두 가지 일을 동시에 하는 사람으로 알려지기도 했다. 그는 특별하면서도 모호한 상상에 집중하는 데 필요한 분위기를 잡기 쉽다는 이유로 술을 마시며 시 쓰기를 좋아했다고 한다. 일을 꾸준하고 묵묵하게 하기 힘들어했던 그는 10대 후반과 20대 초반 대부분을 클리블랜드와 맨해튼을 오가는 데 할애했다.

174

크레인의 연애는 짧고도 불분명했다. 그는 종종 신원도 모를 사람과 성적 관계를 맺었는데, 대다수는 동성이었다. 그는 동성애를 시인이라는 자신의 직업과 연관 지었다. 동성애를 하면서 자기 친구들에게서 느낀 소외감으로 시상을 부채질하기도 했다. 덴마크 선원 에밀 오퍼와의 짧지만 강렬했던 연애에서 영감을 받아 쓴 「항해」(1924)라는 시에서는 사랑의 구원하는 힘을 노래하기도 했다.

크레인은
『리틀 리뷰』의 기고자인 동시에
광고 영업 사원이기도 했다.

마이타이 칵테일

시인은 카리브해와 럼을 사랑했다. 이러한 애정은 그가 1926년에 쿠바에 잠시 머물렀을 때 시작되었다. 과거를 회상하는 시 「오 카리브 섬이여!」에선 게, 스페인 금화, 식용 거북 테라핀, 허리케인이 언급된다. 1927년 미국의 시인이자 문예 비평가였던 친구 이버 윈터스에게 보낸 편지에 그는 이렇게 적었다. "럼은 내게 기이한 영향을 미친다니까. 럼을 마시면 내가 무척 무고하게 느껴져. 죄가 아예 없는 사람처럼 느껴진다고."

크레인의 부모는 쿠바 해변에서 조금 떨어진 곳에 위치한 파인스섬에 별장을 소유하고 있었다. 여기서 크레인은 곧 출간할 시집 『다리』에 포함할 대다수의 시를 썼다. 이 시집에 실린 시 「커티 삭」에서 크레인은 럼을 상실에 대한 위안으로 표현했다.

> 그는 거대한 바다짐승처럼 중얼거렸고,
> 럼은 우리 머릿속에서 플라톤이었다.

1929년 파리로 떠난 크레인은 감정의 응어리를 안은 채 술에 취하면 괴상한 짓을 저질렀다. 르 카페 셀렉트에서는 바를 담당하던 웨이터들과 드잡이를 한 뒤 체포되기도 했다. 하지만 그는 곧 미국으로 돌아가 『다리』를 완성했다.

1930년 크레인은 『다리』를
출간하며 엄청난 명성을 얻었는데,
그만큼 악평도 많이 받았다.
몇몇 비평은 무척 가혹했다.
특히 크레인은 절친한 두 사람인
윈터스와 (1943년 미국 시인상을
받은) 앨런 테이트가 시집을
폄하하는 비평을 했다는 사실에
괴로워했다. 이전부터 크레인은
시인으로서 자신이 실패했다고
생각해 왔는데, 이런 일로 그
증상은 악화되기만 했다. 더
나아가 그가 조증과 울증을
넘나들면서 그의 음주 습관도 더
나빠졌다.

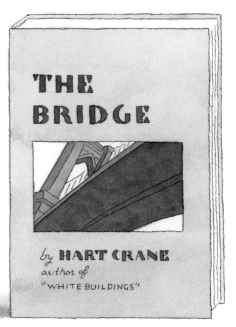

1930년 뉴욕의 호레이스 리버라이트에서
출간한 『다리』 초판

훗날 많은 사람은 『다리』를 크레인의
최고작으로 여겼고, 브루클린
다리에서 영감을 받은 가장 위대한 문학 작품으로 생각했다. 존경받는 문학
비평가인 해럴드 블룸은 20세기 미국의 최고 모더니스트 시인 반열에 크레인을
올리기도 했다. 그는 『다리』가 엘리엇의 『황무지』와 동등한 위상을 지녔고,
심지어 크레인이 엘리엇보다 더 나은 시인이라고 평했다.

1932년 4월 22일 크레인은 멕시코 베라크루스에서 출발한 뉴욕행 증기선
오리사바 호의 난간을 넘어 바다로 뛰어들었다. 명백한 자살이었다. 그의
시신은 끝내 발견되지 않았다.

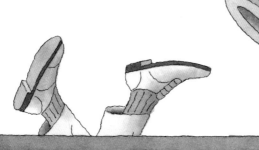

첨탑 꼭대기의 디바

1918년 에드나 세인트 빈센트 밀레이는 문학계 '최고'의 여성이었다. 그녀의 명성은 문학계를 넘어 퍼져 나갔다. 그녀는 관습을 무시하고 예의범절의 한계를 넘어서길 두려워하지 않은, 그야말로 당대의 마돈나였다. 하지만 그녀는 유명세로 망하는 20세기 예술가의 전형이었다. 다시 말해 덧없는 명성의 본질, 그리고 흔히 볼 수 있는 명성으로 인한 파멸적인 결과를 보여 주는 경고성 이야기의 주인공이었다. 한창때에 그녀는 윌리엄 셰익스피어 다음으로 가장 많이 언급되는 시인이었다. 하지만 그녀의 활동 당시 많은 작가가 그랬던 것처럼 그녀도 온갖 술을 마셨다. 그녀가 좋아한 칵테일은 비트윈 더 시츠였다고 하는데, 이 칵테일은 럼을 기주로 추가한 사이드카였다.

밀레이는 열아홉 살 때 어머니로부터 연간 시선집 『리릭 이어』에서 후원하는 경연에 참가해 보라는 권유를 받았다. 밀레이의 시 「부활」은 많은 이로부터 최고 작품이라는 평가를 받았지만 경연에서 최고상을 받지는 못했다. 이후 이어진 논란을 통해 그녀는 10대 때 유명 인사가 되었다.

에드나 세인트 빈센트 밀레이

177

밀레이는 바사대학에서 명성을 떨치는 동안 몰래 기숙사를 빠져나와 맨해튼의 스피크이지들을 들렀고, 여기서 대단한 주당이라는 평판을 얻었다. 그리고 곧 도시 전역의 여러 문학 모임에 초대되어 자신의 시를 낭송했다.

미국의 저명한 시인이자 비평가인 루이스 언터마이어는 실제로 그녀가 그랬다는 사실을 이렇게 증언했다. "미국에 그녀 같은 목소리를 지닌 사람은 없었습니다. 생기 넘치는 나무에 도끼질을 하는 것 같은 소리였죠." 1917년 밀레이는 문학사 학위를 받고 대학을 졸업한 뒤 그리니치빌리지로 이주했다. 그곳은 제1차 세계 대전 이후 뉴욕에서 급성장한 보헤미안 문화의 중심지였다. 그리고 그해 그녀는 자신의 첫 번째 시집 『부활 외』를 발표했다.

1922년 프랭크 셰이 출판사에서 출간한
『엉겅퀴에서 나온 무화과』 초판

밀레이는 『엉겅퀴에서 나온 무화과』(1920)로 어마어마한 성공을 거두었는데, 이로써 그녀의 유명 인사로서의 위치는 또 다른 높은 차원으로 향하게 되었다. 급진적인 페미니즘 성향으로 논란을 일으킨 이 책에는 그녀의 가장 유명하고 선견지명 있는 시 중 하나인 「첫 무화과」가 실려 있다. 이 시의 짧은 운문은 광란의 1920년대를 요약하는 '빠르게 살고, 젊은 채 죽는' 정신을 담고 있다.

내 양초는 양쪽 끝이 전부 타오른다.
밤을 넘기지 못하겠지.
하지만 아아, 나의 적들이여, 나의 친구들이여 —
이 불빛은 너무나도 사랑스럽지 않은가!

대중은 그녀를 무척 좋아했고, 그녀의
낭송회는 일종의 문화 행사였다. 재즈
시대의 시적 디바답게 그녀는 술이라면 뭐든
마셨고, 담배도 즐겼으며, 남녀를 가리지
않고 사랑을 나누는 성적 모험에 나서기도
했다. 대서양 연안을 따라 오랫동안 낭송
투어를 하다가 콩스탕탱 브랑쿠시, 맨
레이와 파리에서 어울리기도 했다.

1923년 인기가 계속 치솟는 와중에
그녀는 네 번째 시집 『하프 제작자의
발라드』로 퓰리처상을 받았다.

그녀에게 구혼하는 사람은 많았다. 그중엔
미국의 유명 비평가이자 저널리스트이며
그녀와 함께 럼을 즐기기도 했던 에드먼드
윌슨도 있었다. 그는 「금주법 시대
용어집」(1927)이란 글에서 '취하다'라는
뜻을 가진 104개의 용어를 모아 목록을
만들기도 했다. 윌슨은 밀레이에게
청혼했지만, 그녀는 그와 함께하는
가정생활이 끔찍할 것 같아 이를 거절했다.

윌슨의 말처럼, 밀레이는 "남을 속 썩이고
엉망으로 만드는 일"에 점점 지쳐가고
있었다. 결국 그녀는 1923년 네덜란드
사업가 유겐 보이스벤과 결혼했다. 그는
워낙 애처가라 당시 기준으로는 성역할이
바뀌는 일이었음에도 그녀를 돕기 위해
자기 일을 포기하기까지 했다. 그는 아내의
급진적인 관점에도 전혀 거북해하지
않았고, 그녀가 혼외 부정을 무수히
저지르고 다녔음에도 기꺼이 못 본
척했다.

밀레이는 1923년부터 1924년까지
뉴욕의 가장 비좁은 집인 베드퍼드 거리 75 1/2번지에 살았다.

부부는 맨해튼의 혼돈스러운 생활에서 벗어나고자 뉴욕주 북부에 있는 오스터리츠라는 마을 근처에 위치한 시골집을 하나 매입해 그곳을 '첨탑 꼭대기'라 불렀다. 그리고 그곳에서 여러 번의 전설적인 파티를 열었다. 집의 구내에는 '폐허'라고 하는 야외 바가 있었고, 알몸 수영을 위해 샘물을 떠 와서 만든 수영장도 있었으며, 배드민턴 코트까지 있었다. 밀레이는 이후 여생을 이곳에서 보냈다.

부부의 집이었던 첨탑 꼭대기

그녀는 계속 시를 썼지만, 1930년대 초부터 시적 영감은 사그라들기 시작했다. 그녀의 작품은 덜 개인적이고, 더 사회 의식적으로 변했다. 비평가들은 그녀의 시를 점점 받아들이지 않게 되었다. 마찬가지로 그녀가 거둔 성공의 핵심 요인이었던 그녀의 육체적인 아름다움도 사그라들고 있었다. 1936년 교통사고로 엄청난 고통에 시달린 그녀는 모르핀에 중독되었고, 술과 다른 약물에 점점 더 의존하게 되었다.

EDNA ST. VINCENT MILLAY
NOTED AMERICAN POET RESIDED
IN THIS HAMLET OF AUSTERLITZ
AT HER HOME 'STEEPLETOP
FROM 1920 UNTIL 1950

뉴욕주 오스터리츠 9번 도로에 있는 역사 기념판.
"에드나 세인트 빈센트 밀레이, 이 저명한 미국 시인은
1920년부터 1950년까지 이곳 작은 마을
오스터리츠에 있는 그녀의 집
'첨탑 꼭대기'에서 살았다"

유겐 보이스벤

밀레이는 친구들과 대중의 눈앞에서 사라졌다. 그녀가 중독에 빠져 무력해지자 남편 보이스벤은 아내의 요청대로 약과 술을 계속 건넸는데, 이는 그녀를 도와주는 게 아니라 오히려 망치는 일이었다.

180

미국 국회 도서관의 밀레이 컬렉션에
포함된 시인의 유품 중에는
1940~1945년 매사추세츠주
그레이트배링턴의 드러그스토어● 두
곳에서 발행한 월별 청구 명세서가 있다.
이 명세서를 보면 플라이슈만스 진,
테일러스 베르무트, 티처스 스카치위스키,
베리스 럼, 합성 진통제 데메롤, 진정제
넴뷰탈, 각성제 벤저드린, 진통제 코데인
등이 명시되어 있다. 명성과 더불어
작품의 양적·질적 측면 모두 뒷걸음질
치는 사이에 밀레이는 약의 남용은 줄일
수 있었지만 술만은 끊지 못했다.

1949년 남편이
갑작스럽게 폐암으로
죽자 큰 슬픔에 빠진
밀레이는 공적인 생활에서

American Poet USA 18c

1981년에 발매된 밀레이 기념우표

완전히 물러나 첨탑 꼭대기에서 좀처럼 나오지 않았다. 남편과
사별한 그녀는 힘든 나날을 견디기 위해 술에 더 의존하게
되었다.

1950년 10월 8일 아침, 밀레이는 잠옷을 걸치고 슬리퍼를
신은 상태로 목이 부러져 몸이 일그러진 채 계단 밑에서
발견되었다. 명백한 낙사였다. 그녀는 전날 밤 늦게까지 술을
마시며 일을 했던 것으로 추정된다. 향년 58세였다.

사망 당시 그녀의 노트에선 갓 적은 새로운 시가 발견되었는데,
그녀는 마지막 세 행에 연필로 동그라미를 쳐 놓았다.

　　　나는 나를 다잡을 거야, 아니면 안으로 파고들거나.
　　　슬픔으로 완벽을 망치지 않겠어.
　　　멋져, 오늘 말이야, 누가 죽었든 간에.

――――――――――――
● 기본적으로 약국이지만 생활용품, 화장품, 건강식품 등을 판매하는 사실상의 잡화점

181

비트윈 더 시츠

금주법 시대에 발명된 비트윈 더
시츠는 고전적인 사이드카 칵테일에
럼을 가미한 변종이다. 일반적으로 이
칵테일은 1930년대 초 파리에 위치한
해리스 뉴욕 바의 소유주이자 바텐더인
해리 매컬혼이 만들었다고 알려져
있다. 당시 매컬혼이 자극적인 이름을
붙인 칵테일을 선보이기를 좋아했던 걸
생각하면 믿을 만한 주장이다.● 그는
멍키 글랜드◆라는 칵테일도 만들었다.

해리스 뉴욕 바의 고전적인 종이 성냥첩 커버.
해리 매컬혼의 캐리커처를 활용했다.

하지만 이 칵테일을 둘러싸고 끊임없이
반복되는 소문에 따르면, 에드나
세인트 빈센트 밀레이가 그 이름을 지었다고 한다. 늦은 밤에 그녀가 에드먼드
윌슨, 시인 존 필 비숍과 함께 취한 채로 장난을 치다가 지었다는 것이다.
여하튼 칵테일 이야기꾼들은 이런 감질나는 이야기가 진실에 가깝기를 바라는
모양이다. 그런 소문이 사실이건 아니건, 밀레이가 비트윈 더 시츠를 즐겨
마셨다는 것은 많은 자료에서 공통적으로 나타난다.

비트윈 더 시츠

라이트 럼 30밀리리터
쿠앵트로 30밀리리터
레몬주스 15밀리리터
코냑 30밀리리터
부순 얼음
장식용의 꼬인 레몬 껍질

재료를 부순 얼음과 함께 셰이커에 넣어 잘 흔들고,
거름망을 대서 차갑게 해 둔 칵테일 잔에 붓는다.
꼬인 레몬 껍질로 장식한다.

● '비트윈 더 시츠Between the Sheets'는 '시트 사이'라는 뜻인데, 서양에선 보통 알몸이나 속옷 차림으로 시트를 덮고 잔다.
◆ monkey gland. '원숭이의 분비선'이라는 뜻이다.

금주법 시대의 럼 밀수업자들과 쿠바

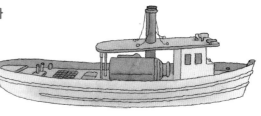

금주법 시대에 럼 밀수에 쓰이던 배

럼 밀수는 16세기 이래로 길고
다채로운 역사를 가지고 있다.
16세기 해적들은 영국 군함을 피해
카리브해 지역에서 가져온 럼을
중과세가 되는 아메리카 식민지에
넘겼다. 럼러닝rumrunning, 즉 주류 밀수라는 용어는 금주법 시대가 시작되기
전까지 그리 대중적인 용어는 아니었다.

금주법 시대의 밀수업자들은 보상이 워낙 커서 위험을 부담하는 것도 마다하지
않았다. 밀수선 선장들은 연안 경비정을 피해 야간에 등도 켜지 않고 배를
움직였고, 종종 그런 상태로 자욱한 안개를 뚫고 나가기도 했다. 그래서 럼
밀수선이 모래톱이나 암초에 충돌하여
가라앉는 건 그리 드문 일이 아니었고, 근처
해변에 수백 병의 럼이 흩어져 떠다니는 일도
종종 있었다.

금주법 시대에 미국 동부
지역민들에게는 카스트로 이전의
쿠바가 럼의 메카였다. 1926년
쿠바에 본사를 둔 바카디
컴퍼니는 북쪽의 목마른 이웃들을
유혹하고자 팬 아메리칸 항공을
공동 스폰서로 삼고 광고 캠페인을
벌였는데, 이 캠페인은 미국인들에게
"술 없는 땅을 두고 떠나라"고 권유했다.
1916년과 1926년 사이에 쿠바로 여행하는
미국인 수는 연간 약 4만 5천 명에서 9만
명으로 두 배나 늘었다. 아바나는 부유하고
유명한 사람들의 휴양지로 급부상했고, 곧
어니스트 헤밍웨이가 즐겨 찾는 곳이 되었다.

바카디를 상징하는 박쥐가 엉클 샘을 플로리다에서 쿠바로
데리고 날아가는, 1920년대 금주법 시대의 고전적인 광고

파파 도블레

어니스트 헤밍웨이는 술에 줄곧 경의를 표하며 온갖 술을 자연스럽게 섭렵했는데, 이는 타의 추종을 불허했다. 하지만 대중의 상상 속에서 그와 가장 밀접하게 연관되는 칵테일은 다이키리다. 타자기를 계속 두드리며 오전 작업을 마친 헤밍웨이는 아바나의 뜨거운 열기를 피해 자신이 머무르던 호텔 암보스 문도스의 방에서 벗어나 바 라 플로리다로 갔다. 사람들은 유명한 쿠바 바인 이곳을 애정을 담아 '플로리디타'라고 줄여 불렀다.

1934년 바 라 플로리다의 칵테일 메뉴

어니스트 헤밍웨이의 조카인 힐러리 헤밍웨이에 따르면, 1930년대 초에 삼촌이 용변을 해결하려다가 모든 게 시작되었다고 한다. 그녀는 NPR과의 인터뷰에서 어느 날 삼촌이 화장실을 쓰려고 플로리디타에 들어간 경위를 설명하며 이렇게 말했다. "바에 있던 사람들이 거기서 제공되는 다이키리를 엄청 자랑했다고 해요. 그래서 삼촌은 하나 시켜서 한번 홀짝여 봤더랬죠. 그걸 다 마시고 하나를 더 시켰는데, 이때 설탕을 덜 넣고 럼을 더 넣어 달라고 했대요. 그렇게 파파 도블레, 혹은 헤밍웨이 다이키리가 탄생한 거예요." 바텐더인 콘스탄티노 리발라이과는 이 변형된 칵테일의 이름을 헤밍웨이를 기려 지었다. 헤밍웨이는 1932년 쿠바로 이주한 뒤 이 바의 단골이 되었다.

1939년 칵테일 메뉴에 그려진
콘스탄티노 리발라이과의 모습

184

1943년 아바나에서 헤밍웨이는 자신의 세 번째 부인인 마사 겔혼에게 이렇게 편지를 썼다. "여기 나시오날 호텔에선 모든 게 훌륭해. 유일하게 부족한 건 바로 당신이지. 내 방에서 내려다보이는 아름다운 만류를 당신도 볼 수 있다면 얼마나 좋을까! 아무도 흉내 낼 수 없는 콘스탄티노의 다이키리를 당신과 마실 수 있다면!"

1900년경 바카디 럼의 로고

1942년 어느 날 오후, 헤밍웨이는 콘스탄티노의 다이키리를 열일곱 잔이나 마시며 주량을 과시하기도 했다.

파파 도블레(헤밍웨이 다이키리)

얼음
라이트 럼 60밀리리터
　　(헤밍웨이는 바카디를 마셨을 것이다.)
갓 짜낸 자몽 주스 15밀리리터
갓 짜낸 라임 주스 15밀리리터
마라스키노 리큐어 7밀리리터

칵테일 셰이커의 절반까지 얼음을 채운다. 럼, 자몽 주스, 라임 주스, 마라스키노 리큐어를 셰이커에 넣는다. 힘차게 최소 30초 정도 흔든 뒤, 거름망을 대고 차가운 칵테일 잔에 따른다.

다이키리는 모히토, 피냐 콜라다, 쿠바 리브레, 그리고 독한 좀비와 함께 오늘날 대중이 즐기는 상징적인 럼 칵테일로 꼽힌다.

2003년 플로리디타의 바 끝부분에 설치된 실물 크기의 헤밍웨이 청동상. 쿠바 예술가 호세 비야 소베론이 만들었다.

185

젊고 복잡한

럼은 훌륭한 위스키, 테킬라, 혹은 레드 와인의 특징이나 그것들의 가격표를 지닌 적이 한 번도 없다. 럼은 보통 거친 맛을 완화하고자 오크통에서 1년 정도 숙성하는 게 전부이기 때문이다. 럼의 출처와 생산 방식은 럼과 결부된 불법적이라는 평판처럼 대부분 규정되지 않았고, 그래서 품질도 극단적으로 제각각이다.

하지만 이 사탕수수 증류주 중에 최고라는 평을 듣는 것들은 훌륭한 싱글 몰트 스카치위스키처럼 향과 맛이 복합적이고 만족스럽다. 헤밍웨이도 럼을 그대로 마시기를 즐겼다(그는 대다수의 갈색 증류주를 그대로 마셨다). 『파리는 날마다 축제』의 첫 장에서 그는 인근 카페에서 세인트 제임스 럼을 주문하며 이렇게 말한다. "훌륭한 마르티니크산 럼을 마시고 있자면 육체와 정신이 모두 훈훈해진다."

최고의 시대이자
최악의 시대다

위의 제목 문장은 찰스 디킨스의 『두 도시 이야기』를 여는 대표적인 문장을
현재형으로 바꾼 것인데, 현재의 술과 글의 상황을 적절히 나타내고 있는
표현일지도 모른다. 현대의 작가들에게 지금은 최악의 시대일 수 있다. 오늘날
작가와 출판사는 책의 쇠퇴와 씨름해야 하고, 대중은 더는 예전처럼 책을 읽지
않으며, 소비자들은 문화를 무료로 소비하는 데 익숙해져 있기 때문이다.

술을 마시는 삶과 글을 쓰는 삶의 교차점은 지금보다 더 단순했던 시대의
결과다. 고립되어 오랫동안 작업에 몰두했던 과거의 작가들에게 술은 뮤즈일
뿐 아니라 외로움, 우울함, 불안, 스트레스에 대한 해결책이기도 했다. 실제로
대형 출판사와 손을 잡고 책을 창작하는 걱정스러운 과정은 웬만한 강심장이
아니고서는 버티지 못한다. 그 과정에서 차질이 생기고 우회해야 하는 일이
생기면, 작가들은 적잖이 술에 손을 댈 수밖에 없게 된다.

술은 타자기에서 손을 떼고 동류의 사람과 지역 술집에서 교류할 수 있도록
하는 구실이 되었다. 하지만 소셜 미디어 시대인 오늘날에는 문화적 중심지가
분산되어 있고, 약 또한 다양하다. 일반적인 현대 작가는 (특정 작가를 제외하면)
더 이상 바에 드나들지 않으며, 술 대신 ADHD 치료제 애더럴, 우울증 치료제
졸로프트, 혹은 의료용 마리화나의 도움을 받는다.

하지만 애주가에게 지금은 최고의 시대다. 술의 모든 범주에서 접할 수 있는
고급 제품의 수는 역사상 최고치를 기록 중이다. 능숙한 술꾼은 술의 바다를
항해하는 데 도움을 받기 위해 지역 주류 상점의 통로를 지나다니면서
스마트폰으로 주류 평론과 구매 조언을 찾아본다. 온갖 술을 즐긴 '잡주가'

헨리 루이 멩켄은 어디서부터 시작해야 했을지도 몰랐을 것이다.

우리는 이 책에서 여러분이 술과 문학의 풍성함을 즐기길 바란다. 그리고 늘 그렇듯, 책임감 있는 음주(와 독서)를 하길 바란다.

    — 그렉 클라크·몬티 보챔프

감사의 말

이 책은 몬티 보챔프 덕에 나올 수 있었다. 그는 술·작가·예술가에 대한 역사를 삽화를 곁들여 함께 선보이자고 내게 제안했다. (데이 스트리트 팀은 우리가 내용의 폭을 줄일 수 있도록 현명한 제안을 해 주었다!)

아내 제니퍼 레너드, 딸 그레타, 아들 줄리언에겐 아무리 감사를 해도 지나치지 않다. 지난 열두 달 동안 사실상 남편과 아버지가 없어진 상황이었음에도 그들은 잘 견뎌 주었다.

대리인인 질리언 머켄지, 편집자인 제시카 신들러와 션 뉴콧, 법률 고문 빅터 헨드릭슨, 앨리비어 로페스, 수엣 이 총, 그리고 데이 스트리트 팀 전원에게도 특별히 감사의 말을 전한다.

- 그렉 클라크

공동 저자이자 친구인 그렉 클라크, 그리고 이 책이 열매를 맺도록 힘써 준 질리언, 제시카, 빅터, 션, 앨리비어, 수엣, 그리고 하퍼 콜린스와 데이 스트리트 팀 전원에게 진심으로 감사를 전한다. 2년의 여정 동안 절대적인 지원을 보내 준 비범한 레베카 홀에게는 더더욱 특별한 감사를 전한다.

- 몬티 보챔프

(좌측부터) 몬티 보챔프, 이 책의 캐릭터 부즈하운드, 그렉 클라크.

대중 매체에서 요리를 주제로 다뤄 미식에 관한 대중의 관심이 높아진 지 벌써
5~6년이 흘렀습니다. 소수 미식가만이 누리던 식재료, 조리법, 셰프의 기량에
관한 관심은 이제 대중의 영역으로 들어온 지 오래입니다. 하지만 아쉽게도
이러한 미식과 함께 어울릴 수 있는 가장 좋은 상대인 술은 우리나라에서
일반적으로 '맥주-소주-양주'로 구분되고 있을 뿐입니다. 미식에 관한
지식이 보편화되었다면 그에 맞게 술에 관한 지식도 보편화될 때도 되었다고
생각합니다.

이 책은 세상에서 가장 대표적인 주종 여덟 가지를 소개하고, 해당 주종의
역사와 그것으로 만들 수 있는 칵테일, 그리고 각 주종에 매료된 유명
문인들의 에피소드를 가볍게 풀어내고 있습니다. 그런데 여기에 등장하는
문인들에게선 사람 냄새가 무척 짙게 납니다. 문단의 평가만으로는 초월적인
이상향처럼 보이던 문호들이 어느 순간 우리와 다를 바 없는 평범한 사람처럼,
어쩌면 그보다도 못한 사람처럼 다가옵니다. 술을 통해 바라고자 했던 정서적
지향점은 달랐을지 모르지만, 험난한 삶을 헤쳐 나갈 지지대로서 술을 선택한
그들의 모습은 우리의 거울상처럼 느껴지기도 합니다.

아무래도 문인들에 관한 배경지식이 있어서 그들의 인생을 술과 다각도로
연결할 수 있는 분은 이 책을 누구보다 풍성하게 누리실 수 있을 겁니다.
하지만 딱히 문인들에 관심이 없더라도 이 책은 술에 관한 호기심을
불러일으키기에 충분합니다. 술이 만들어진 배경, 그로 인해 나타난 사회상,
시간의 흐름에 따라 변화한 술의 위상, 그런 술로 만들 수 있는 칵테일과 그에
얽힌 이야기는 문인들이라는 다소 묵직할 수 있는 요소를 신경 쓰지 않는다면

오히려 더 가볍게 받아들일 수 있을 것입니다. 그렇게 되면 술 자체에 관한 호기심도 부담스럽지 않게 커질 수 있다는 게 제 생각입니다.

특별히 한 가지 당부 말씀 드립니다. 이 책에 나오는 여덟 종의 술 중 익숙하지 않거나 처음 접하는 것은 하나라도 꼭 시도해 보세요. 그 자체로 일상에 자극을 불어넣을 수 있는 계기가 될 것입니다. 결과에 상관없이 말이죠. 이왕이면 그 술만을 위해 특별히 제작된 전용 잔에 담아 색, 향기, 맛을 온전히 느껴 보시기 바랍니다. 그 경험으로 이 책은 다시 한 번 다르게 보일 수 있을 것입니다.

이 책을 보는 우리는 모두 술의 세상을 유람하고 있습니다. 같은 관광객으로서 펍이든 바든 언젠가 만날 기회가 있겠죠. 독자분과 반갑게 건배하며 술 이야기를 나눌 수 있는 멋진 순간이 오길 기다리겠습니다.

IPA를 가득 담아 마시면서
- 이재욱